SEVEN FRENCH ONE-ACT PLAYS:
Dramatic Shorthand

Also edited by Colin Radford

BOULEVARD DURAND by ARMAND SALACROU

SEVEN FRENCH ONE-ACT PLAYS
Dramatic Shorthand

Colin Radford, M.A., Ph.D
Professor of French,
The Queen's University, Belfast

Kevin O'Malley, B.A.
Theatre Director,
University of Essex

Hutchinson of London

Hutchinson & Co (Publishers) Ltd
3 Fitzroy Square, London W1

London Melbourne Sydney Auckland
Wellington Johannesburg and agencies
throughout the world

First published 1975
© this selection Colin Radford
and Kevin O'Malley, 1975.

Printed in Great Britain by litho by The Anchor
Press Ltd and bound by Wm Brendon & Son Ltd
both of Tiptree, Essex

ISBN 0 09 123661 4

Contents

Part 1

INTRODUCTION

Aims

How do you read a play? Is there any benefit to be derived from reading plays, as opposed to seeing them? How does dramatic literature differ from narrative literature? Too often these last two items are considered interchangeable. A play is nothing more than a novel with all the descriptive prose in between the dialogue excised by an unknown, but essentially benevolent, magician.

These are some of the problems which this book attempts to investigate. Above all, it advises a fresh look at the way we approach play texts.

If the play is in a foreign language a fresh look becomes even more desirable. The traditional approach to modern language plays consists of urging the student to look at the words, then at the text − to go from language to literature as it were − in the belief that one can ultimately justify a divorce between the two.

The student in that type of exercise is asked to look at the *words*; to see how they are used; to consider their nuances in a purely (or, at least, restrictively) linguistic way. If he fails then there are always footnotes there to help him. The theory is that when the student has established sufficient confidence in the words, he may then be encouraged to look at the play as a play.

This book attempts to reverse that process. Not in any dogmatic fashion, since it is not a book of solutions but one of exploration — offering certain ideas perhaps, but above all designed to stimulate others. The aim, in short, is to consider literature alongside language in the dramatic mode. We look at the play *as a play* first. The words are seen not as a barrier *preceding* the text, but as a complementary object of study *arising from* the text.

Forms

For the student of drama there is much to be learned from the one-act play. The recent neglect of this form of theatre is all the more surprising as television has, for many years, accustomed audiences to the short-form play.

What is a one-act play? Is it as distinct in form from a full-length play as a *conte* is from a novel? This book explores the form of the one-acter in a variety of ways. But it takes as its starting point the idea that the one-act play may represent a kind of dramatic shorthand for the full-length play.

The reasons, though neglected, are obvious enough. The one-acter by its very nature exhibits some of the essential features of writing for the stage. Furthermore, it does so in a highly immediate way. The very compactness of the one-acter puts *structure, theme, rhythm,* often a whole architecture of dramatic devices, into greater prominence than in a full-length play.

The reader or student who is fully conscious of these shorthand forms, whether of drama or of dramatic analysis, is then in a position to apply the forms to a more sophisticated critical purpose.

Plays

The plays in the collection cover a good century. They start from the idea of the well-made play of Scribe, Sardou and Augier. They then pass through the experimental theatre of the productive inter-war years in France to the recent avant-garde.

This century also shows us the evolution of disintegration in the form itself; from Scribe's entertainment in words and music to Beckett's post-verbal communication.

The approach to the plays is both chronological and a-chronological. The chronological aspect examines the evolution of form parallel to the evolution of stagecraft. The a-chronological aspect takes *La Voix Humaine* (1930) as a turning point in technique and offers a specimen analysis of the play before the reader moves on to the other plays.

One of the intentions of any anthology of this kind is always to provide enjoyable material. But it is a critical anthology also, in the sense that it includes some plays which are rarely available in the hope that a primary (rather than second-hand) critical evaluation will be stimulated.

Traditionally, the student of French is faced with a play by Racine or Molière, say, and is apt to feel overwhelmed by the scholarship of others, or by a reverence all of his own. The result can be a stunting of critical growth.

If, on the other hand, he is confronted with authors who may be less familiar, the student may find that his critical awareness is being developed in a more creative – because less inhibited – way.

Methods

The collection aims to stimulate that awareness by offering shorthand forms of what is called 'dramatic technique'. With this in mind, a number of alternative methods of analysis are suggested.

1) Specimen analysis of a complete play
2) Diagrammatic illustrations as shorthand guides to the structure of plays
3) Three different, complementary, sets of questions on different plays:
   a) 'analytic' questions *on* text
   b) 'textual' questions *around* text
   c) 'extra-textual' questions arising *from* text

The simplest of all analytical methods consists of asking six questions: who, what, when, where, how and why?

In the theatre, we usually ask ourselves the first four of these – who, what, when and where? – to determine the *narrative* interest of the play; and the last two – how and why? – to determine its *dramatic* interest.

Nevertheless, it is hoped that all these approaches will be applied to different plays within the collection, and then to plays outside the collection.

If a combination of all of them, as well as others suggested or discovered, is applied to a single play, the result will hopefully be a clearer understanding of what we mean when we say 'dramatic technique'.

The essential practical aspect of this technique is the dramatic use of the stage. So, as the student traces the disintegration of form, he will simultaneously be following the evolution of stagecraft.

His attention is drawn, by means of the analytical methods suggested, to the playwright's use of *decor, lighting, costume,* and *movement*. Biographical detail is kept to a minimum, and literary history vacates its seat of honour in favour of a more 'theatrical' treatment of dramatic literature.

Uses

As there is a diversity of plays, techniques and approaches, so there is a diversity of possible uses.
1) Seminars: the specimen analysis provided is intended as a starting point for play discussion and dissension
2) Classwork: the textual questions may be used to bring out the student's awareness of specific movements, meanings and implications of the play(s)
3) Essay/Preparatory work: the extra-textual questions may be used either for written work (in French or in English), and/or directed preparatory exercises in group contexts
4) Teaching material: specimen material, a chosen sequence of texts and alternative methods of treatment are given as an invitation to:
   a) evaluate the plays
   b) criticise the method
   c) extend and improve the dramatic range
   d) encourage the student to discover for himself the way a play works.

Just as the rehearsal and performance of a play improve the student's oral fluency, so an exploratory approach may yield more general linguistic benefits. It may be, for instance, that *lecteurs* and *assistants* will thankfully supplant their painful conversations about French pop music and "la pluie et le beau temps" with the rehearsal, taping, or even informal production of a short play in the language.

There is certainly no doubt that the direct stimulus of the shorthand form provokes a direct response. At the same time, it is important to recognise that although the shorthand form offers immediacy, it also necessarily telescopes a whole network of nuances into too categorical a perspective.

Nevertheless, the approach remains justifiable pedagogically on condition that the student *sees* where the inadequacies of this telescoping lie: when that happens, the method will already, in effect, have achieved its purpose.

These short plays may therefore demonstrate, modestly but practically, some of the essential features of the evolution of form and structure in modern French theatre. And if there were two principal ways in which the collection could be of service they would be these: first, to act as a stimulus in the understanding of dramatic technique; and second, to act as a bridge between the learning of language and the appreciation of dramatic literature.

At least three areas are now clearly discernible in the developing discipline of educational drama:

1) dramatic literature (where what is being examined are the devices and techniques of writing for the stage)
2) theatre arts (the practical aspects of stage production)
3) creative drama (theatre workshops, improvisation classes, self-expression through drama).

Primary and secondary education has taken a major step forward in the third of these areas, creative drama, but the practice is far from widespread in college and university language departments.

It is sometimes argued that the shortage of suitable texts or materials has prevented a proportionate interest from being generated within tertiary education. There seems no real reason why this should be the case. Even if it is, there is no reason to doubt that it will shortly cease to be the case, given on the one hand the generations of pupils who have been turned off Shakespeare (or whoever) at school, and on the other hand an overdue reappraisal of alternative methods of dramatic analysis.

As a reflection of current practice, then, this book concentrates on some of the characteristics of dramatic literature and theatre arts. While they are waiting for curricula to catch up, however, enterprising teachers may find sufficient material in the collection to introduce their students to a creative use of drama through language.

Finally, we should remember that the analytic method inevitably induces a fragmented judgement, where the 'synthetic', essay-type method induces what might be called a unitary judgement. Analytical prowess however — to avoid the error of Ionesco's Professor in *La Leçon* — can never be a complete substitute for creative realization. It is hoped that the plays that follow offer a means of one, and open a door to the other.

Part 2

LA VOIX HUMAINE
(1930)
by Jean Cocteau

Jean Cocteau (1889-1963)

Multiform talent: poet, playwright, artist, film-maker, jazz-man, critic, novelist; fantasy, humour, often incongruous poetry; magic, mythology, surrealism of death, which opens door into the other world.

Préface

L'auteur aime les expériences. L'habitude étant prise de se demander ce qu'il prétendait faire après avoir vu ce qu'il a fait, peut-être est-il plus simple qu'il renseigne de première main.

Plusieurs mobiles l'ont déterminé à écrire cet acte:

1. Le mobile mystérieux qui pousse le poète à écrire alors que toutes ses paresses profondes s'y refusent est, sans doute, le souvenir d'une conversation surprise au téléphone, la singularité grave des timbres, l'éternité des silences.

2. On lui reproche d'agir par machines, de machiner trop ses pièces, de compter trop sur la mise en scène. Il importait donc d'aller au plus simple: un acte, une chambre, un personnage, l'amour, et l'accessoire banal des pièces modernes, le téléphone.

3. Le théâtre réaliste est à la vie ce que sont à la nature les toiles du Salon des Beaux-Arts. Il fallait peindre une femme assise, pas une certaine femme, une femme intelligente ou bête, mais une femme anonyme, et fuir le brio, le dialogue du tac au tac, les mots d'amoureuse aussi insupportables que les mots d'enfants, bref tout ce théâtre d'après le théâtre qui s'est vénéneusement, pâteusement et sournoisement substitué au théâtre tout court, au théâtre vrai, aux algèbres vivantes de Sophocle, de Racine et de Molière.

L'auteur se représente la difficulté de l'entreprise. C'est

pourquoi, selon le conseil de Victor Hugo, il a lié la tragédie et le drame avec la comédie sous les auspices des imbroglios que propose l'appareil le moins propre à traiter les affaires du cœur.

4. Enfin, puisqu'on lui objecte souvent qu'il exige de ses interprètes une obéissance préjudiciable à leurs dons et qu'il réclame toujours la première place, l'auteur a souhaité écrire une pièce illisible, qui, de même que son *Roméo* s'intitule *prétexte à mise en scène,* serait un prétexte pour une actrice. Derrière son jeu, l'œuvre s'effacerait, le drame donnant l'occasion de jouer deux rôles, un lorsque l'actrice parle, un autre lorsqu'elle écoute et délimite le caractère du personnage invisible qui s'exprime par des silences.

P.-S. — Ce serait une faute de croire que l'auteur cherche la solution de quelque problème psychologique. Il ne s'agit que de résoudre des problèmes d'ordre théâtral. Le mélange du théâtre, du prêche, de la tribune, du livre, étant le mal contre lequel il faudrait justement intervenir. Théâtre pur serait le terme à la mode, si théâtre pur, poésie pure, n'étaient un pléonasme; poésie pure signifiant: poésie, et théâtre pur: théâtre. Il ne saurait en exister d'autres.

L'auteur ajoute qu'il a donné cet acte à la Comédie-Française pour rompre avec le pire des préjugés: celui du jeune théâtre contre les scènes officielles. Le *boulevard* ayant fait place au cinématographe et les scènes dites d'avant-garde ayant pris peu à peu la position du *boulevard,* un cadre officiel, cadre en or, reste le seul capable de souligner un ouvrage dont la nouveauté ne saute pas aux yeux.

Le public du nouveau boulevard s'attend à tout; il est avide de sensations, ne respecte rien. La Comédie-Française possède encore un public avide de sentiments. La personnalité des auteurs disparaît au bénéfice d'un théâtre anonyme, un "spectacle de la Comédie-Française" propre à donner aux œuvres le relief et le recul dont elles jouissent lorsque l'actualité ne les déforme plus.

La scène, réduite, entourée du cadre rouge de draperies peintes, représente l'angle inégal d'une chambre de femme: chambre sombre, bleuâtre, avec, à gauche, un lit en désordre, et, à droite, une porte entr'ouverte sur une salle de bains blanche très éclairée. Au centre, sur la cloison, l'agrandissement photographique de quelque chef-d'œuvre penché ou bien un portrait de famille: bref, une image d'aspect maléficieux.

Devant le trou du souffleur, une chaise basse et une petite table: téléphone, livres, lampe envoyant une lumière cruelle.

Le rideau découvre une chambre de meurtre. Devant le lit, par terre, une femme en longue chemise est étendue, comme assassinée. Silence. La femme se redresse, change de pose et reste encore immobile. Enfin, elle se décide, se lève, prend un manteau sur le lit, se dirige vers la porte après une halte en face du téléphone. Lorsqu'elle touche la porte, la sonnerie se fait entendre. Elle lâche le manteau et s'élance. Le manteau la gêne, elle l'écarte d'un coup de pied. Elle décroche l'appareil.

De cette minute elle parlera debout, assise, de dos, de face, de profil, à genoux derrière le dossier de la chaise-fauteuil, la tête coupée, appuyée sur le dossier, arpentera la chambre en traînant le fil, jusqu'à la fin où elle tombe sur le lit à plat ventre. Alors sa tête pendra et elle lâchera le récepteur comme un caillou.

Chaque pose doit servir pour une phase du monologuedialogue (phase du chien − phase du mensonge − phase de l'abonnée, etc.). La nervosité ne se montre pas par de la hâte, mais par cette suite de poses dont chacune doit statufier le comble de l'inconfort.

Peignoir chemise, plafond, porte, fauteuil-chaise, housses, abat-jour blancs.

Trouver un éclairage du trou du souffleur qui forme une ombre haute derrière la femme assise et souligne l'éclairage de l'abat-jour.

Le style de cet acte excluant tout ce qui ressemble au brio, l'auteur recommande à l'actrice qui le jouera sans son contrôle de n'y mettre aucune ironie de femme blessée, aucune aigreur. Le personnage est une victime médiocre, amoureuse d'un bout à l'autre; elle n'essaye qu'une seule ruse : tendre une perche à l'homme pour qu'il avoue son mensonge, qu'il ne lui laisse pas ce souvenir mesquin. Il voudrait que l'actrice donnât l'impression de saigner, de perdre son sang, comme une bête qui boite, de terminer l'acte dans une chambre pleine de sang.

Respecter le texte où les fautes de français, les répétitions, les tournures littéraires, les platitudes, résultent d'un dosage attentif.

Le personnage unique a été créé par Melle Berthe Bovy.

La Voix humaine a été représentée pour la première fois au théâtre de la Comédie-Française, le 17 février 1930.

Allô, allô, allô . . . Mais non, Madame, nous sommes plusieurs sur la ligne, raccrochez . . . Allô . . . Vous êtes avec une abonnée . . . Oh! . . . allô! . . . Mais, Madame, raccrochez vous-même . . . Allô, Mademoiselle, allô . . . Laissez-nous . . . Mais non, ce n'est pas le docteur Schmit . . . Zéro huit, pas zéro sept . . . allô! . . . c'est ridicule . . . On me demande; je ne sais pas. (*Elle raccroche, la main sur le récepteur. On sonne.*) . . . Allô! . . . Mais, Madame, que voulez-vous que j'y fasse? . . . Vous êtes très désagréable . . . Comment, ma faute . . . pas du tout . . . pas du tout . . . Allô! . . . allô, Mademoiselle . . . On me sonne et je ne peux pas parler. Il y a du monde sur la ligne. Dites à cette dame de se retirer. (*Elle raccroche. On sonne.*) Allô! c'est toi? . . . c'est toi? . . . Oui . . . J'entends très mal . . . tu es très loin, très loin . . . Allô! . . . c'est affreux . . . il y a plusieurs personnes sur la ligne . . . Redemande. Allô! *Re-de-mande* . . . Je dis: redemande-moi . . . Mais, Madame, retirez-vous. Je vous répète que je ne suis pas le docteur Schmit . . . Allô! . . .
(*Elle raccroche. On sonne.*)
    Ah! enfin . . . c'est toi . . . oui . . . très bien . . . allô . . . oui . . . C'était un vrai supplice de t'entendre à travers tout ce monde . . . oui . . . oui . . . non . . . c'est une chance . . . Je rentre il y a dix minutes . . . Tu n'avais pas encore appelé? . . . ah! . . . non, non . . . J'ai dîné dehors . . . chez Marthe . . . Il

doit être onze heures un quart ... Tu es chez toi? ... Alors regarde la pendule électrique ... C'est ce que je pensais ... Oui, oui, mon chéri ... Hier soir? Hier soir je me suis couchée tout de suite et comme je ne pouvais pas m'endormir j'ai pris un comprimé ... non ... un seul ... à neuf heures ... J'avais un peu mal à la tête, mais je me suis secouée. Marthe est venue. Elle a déjeuné avec moi. J'ai fait des courses. Je suis rentrée à la maison. J'ai mis toutes les lettres dans le sac jaune. J'ai ... Quoi? ... Très forte ... je te jure ... J'ai beaucoup, beaucoup de courage ... Après? Après je me suis habillée, Marthe est venue me prendre et voilà ... Je rentre de chez elle. Elle a été parfaite ... Très, très bonne, parfaite ... Elle a cet air, mais elle ne l'est pas. Tu avais raison, comme toujours ... Ma robe rose, avec la fourrure ... Mon chapeau noir ... Oui, j'ai encore mon chapeau sur la tête ... non, non, je ne fume pas. Je n'ai fumé que trois cigarettes ... Si, c'est vrai ... Si, si ... tu es gentil ... Et toi, tu rentres? ... Tu es resté à la maison ... Quel procès? ... Ah! oui ... il ne faut pas te fatiguer ... Allô! allô! ne coupez pas. Allô! ... allô! chéri ... allô! ... Si on coupe, redemande-moi tout de suite ... naturellement ... Allô! Non ... je suis là ... Le sac? ... Tes lettres et les miennes. Tu peux le faire prendre quand tu veux ... Un peu dur ... Je comprends ... Oh! mon chéri, ne t'excuse pas, c'est très naturel et c'est moi qui suis stupide ... Tu es gentil ... Tu es gentil ... Moi non plus, je ne me croyais pas si forte ... Il ne faut pas m'admirer. Je bouge un peu comme une somnambule. Je m'habille, je sors, je rentre machinalement. Je serai peut-être moins brave demain ... Toi? ... Mais non ... mais, mon chéri, je n'ai pas l'ombre d'un reproche à te faire ... je ... je ... laisse ... Comment? ... Très naturel ... Au contraire ... Il ... il a toujours été convenu que nous agirions avec franchise et j'aurais trouvé criminel que tu me laisses sans rien savoir jusqu'à la dernière minute. Le coup aurait été trop brutal, tandis que là, j'ai eu le temps de m'habituer, de comprendre ... Quelle comédie? ... Allô! ... Qui? ... que je te joue la comédie, moi! ... Tu me connais, je suis incapable de prendre sur moi ... Pas du tout ... Pas du tout ... Très calme ... Tu l'entendrais ... Je dis: tu l'entendrais. Je n'ai pas la voix d'une personne qui cache quelque chose ... Non. J'ai décidé

d'avoir du courage et j'en aurai . . . Permets . . . ce n'était pas
pareil . . . c'est possible, mais on a beau se douter, s'attendre
au malheur, on tombe toujours à la renverse . . . N'exagère
pas . . . j'ai tout de même eu le temps de m'habituer. Tu avais
pris le soin de me dorloter, de m'endormir . . . Notre amour
marchait contre trop de choses. Il fallait résister, refuser cinq
ans de bonheur ou accepter les risques. Je n'ai jamais pensé
que la vie s'arrangerait. Je paye cher une joie sans prix . . .
Allô . . . *sans prix* et je ne regrette . . . je ne . . . je ne regrette
rien — rien — rien . . . Tu . . . tu te trompes . . . tu te . . . tu
te . . . tu te trompes. J'ai . . . Allô! . . . j'ai ce que je mérite.
J'ai voulu être folle et avoir un bonheur fou . . . chéri . . .
écoute . . . allô! . . . chéri . . . laisse . . . allô . . . laisse-moi
parler. Ne t'accuse pas. Tout est ma faute. Si, si . . . Souviens-
toi du dimanche de Versailles et du pneumatique . . . Ah! . . .
Alors! . . . C'est *moi* qui ai voulu venir, c'est *moi* qui t'ai
fermé la bouche, c'est *moi* qui t'ai dit que tout m'était égal
. . . Non . . . non . . . non . . . là, tu es injuste . . . J'ai . . . j'ai
téléphoné la première . . . non, le mardi . . . un mardi . . . J'en
suis sûre. Un mardi 27. Ta dépêche était arrivée le lundi soir,
le 26. Tu penses bien que je connais ces dates par cœur . . . ta
mère? Pourquoi . . . Ce n'est vraiment pas la peine . . . Je ne
sais pas encore . . . Oui . . . peut-être . . . Oh! non, sûrement
pas tout de suite, et toi? . . . Demain? . . . Je ne savais pas que
c'était si rapide . . . Alors, attends . . . c'est très simple . . .
demain matin le sac sera chez le concierge. Joseph n'aura qu'à
passer le prendre . . . Oh! moi, tu sais, il est possible que je
reste, comme il est possible que j'aille passer quelques jours à
la campagne, chez Marthe . . . Il est là. Il est comme une âme
en peine. Hier, il passait son temps entre le vestibule et la
chambre. Il me regardait. Il dressait les oreilles. Il écoutait. Il
te cherchait partout. Il avait l'air de me reprocher de rester
assise et de ne pas chercher avec lui . . . Je trouve que le
mieux serait que tu le prennes . . . Si cette bête doit être
malheureuse . . . Oh! moi! . . . Ce n'est pas un chien de
femme. Je m'en occuperais mal. Je ne le sortirais pas. Il
vaudrait bien mieux qu'il reste avec toi . . . Il m'oublierait
vite . . . Nous verrons . . . nous verrons . . . Ce n'est pas bien
compliqué. Tu n'aurais qu'à dire que c'est le chien d'un ami.
Il aime beaucoup Joseph. Joseph viendrait le prendre . . . Je

lui mettrais le collier rouge. Il n'a pas de plaque . . . Nous verrons . . . oui . . . oui . . . oui, mon chéri . . . entendu . . . mais oui, mon chéri . . . Quels gants? . . . Tes gants fourrés, les gants que tu avais pour conduire la voiture? . . . Je ne sais pas. Je n'ai rien vu. C'est possible. Je vais voir . . . Tu attends. Ne te laisse pas couper.

(Elle ramasse sur la table, derrière la lampe, des gants crispin fourrés qu'elle embrasse passionnément. Elle parle avec les gants contre sa joue.)

Allô . . . allô . . . non . . . j'ai cherché sur la commode, sur le fauteuil, dans l'antichambre, partout, ils n'y sont pas . . . Ecoute . . . je vais voir encore, mais je suis certaine . . . Si par hasard on les retrouve demain matin, je les ferai mettre en bas avec le sac . . . Chéri? . . . Les lettres . . . oui . . . tu les brûleras . . . Je vais te demander une chose idiote . . . Non, voilà, je voulais te dire, si tu les brûles, j'aimerais que tu gardes la cendre dans la petite boîte d'écaille que je t'avais donnée pour les cigarettes, et que tu . . . Allô! . . . non . . . je suis stupide . . . pardonne-moi. J'étais très forte. (*Elle pleure.*) . . . Là, c'est fini. Je me mouche. Enfin je serais contente d'avoir cette cendre, voilà . . . Comme tu es bon! . . . Ah! (*L'actrice dira le passage entre guillemets dans la langue étrangère qu' elle connaît le mieux.*)
"Pour les papiers de ta sœur, j'ai tout brûlé dans le fourneau de la cuisine. J'ai pensé d'abord à ouvrir pour enlever le dessin dont tu m'avais parlé, mais puisque tu m'avais dit de tout brûler, j'ai tout brûlé . . . Ah! bon . . . bon . . . oui" . . . (*en français*) C'est vrai, tu es en robe de chambre. . . . Tu te couches? . . . Il ne faut pas travailler si tard, il faut te coucher si tu te lèves tôt demain matin. Allô! . . . Allô! . . . et comme ça? . . . Pourtant je parle très fort . . . Et là, tu m'entends? . . . Je dis: et là, tu m'entends? . . . c'est drôle parce que moi je t'entends comme si tu étais dans la chambre . . . Allô! . . . allô! . . . allô! . . . Allons, bon! maintenant c'est moi qui ne t'entends plus . . . Si, mais très loin, très loin . . . Toi tu m'entends. C'est chacun son tour . . . Non, ne raccroche pas! . . . Allô! . . . Je parle, Mademoiselle, je parle! . . . Ah! Je t'entends. Je t'entends très bien. Oui, c'était désagréable. On

croit être mort. On entend et on ne peut pas se faire entendre
... Non, très, très bien. C'est même inouï qu'on nous laisse
parler si longtemps. D'habitude on coupe au bout de trois
minutes et on redonne un faux numéro ... Si, si ...
j'entends même mieux que tout à l'heure, mais ton appareil
résonne. On dirait que ce n'est pas ton appareil ... Je te vois,
tu sais. (*Il lui fait deviner.*) ... Quel foulard? ... Le foulard
rouge ... Ah! ... penchée à gauche ... Tu as tes manches
retroussées ... ta main gauche? le récepteur. Ta main droite?
ton stylographe. Tu dessines sur le buvard des profils, des
cœurs, des étoiles. Tu ris! J'ai des yeux à la place des oreilles
... (*Avec un geste machinal de se cacher la figure.*) ... Oh!
non, mon chéri, surtout ne me regarde pas ... Peur? ... Non,
je n'aurai pas peur ... c'est pire ... Enfin je n'ai plus l'habitude de dormir seule ... Oui ... oui ... oui ... oui, oui ...
je te promets ... je, je ... je te promets ... je te promets ...
tu es gentil ... Je ne sais pas. J'évite de me regarder. Je n'ose
plus allumer dans le cabinet de toilette. Hier, je me suis trou-
vée nez à nez avec une vieille dame ... Non, non! une vieille
dame maigre avec des cheveux blancs et une foule de petites
rides ... Tu es bien bon! mais, mon chéri, une figure admirable, c'est pire que tout, c'est pour les artistes ... J'aimais
mieux quand tu disais: Regardez-moi cette vilaine petite
gueule! ... Oui, cher Monsieur! ... Je plaisantais ... Tu es
bête ... *Heureusement* que tu es maladroit et que tu
m'aimes. Si tu ne m'aimais pas et si tu étais adroit, le téléphone deviendrait une arme effrayante. Une arme qui ne
laisse pas de traces, qui ne fait pas de bruit ... Moi,
méchante? Allô! ... allô! allô! ... allô, chéri ... où es-tu? ...
Allô, allô allô, mademoiselle. (*Elle sonne.*) Allô, mademoiselle, on coupe. (*Elle raccroche. Silence. Elle décroche.*)
Allô! (*Elle sonne.*) Allô! allô! (*Elle sonne.*) Allô, mademoiselle. (*Elle sonne. On sonne.*) Allô, c'est toi? ... Mais
non, mademoiselle. On m'a coupée ... Je ne sais pas ...
c'est-à-dire ... si ... attendez ... Auteuil 04 virgule 7. Allô!
... Pas libre? ... Allô, mademoiselle, il me redemande ...
Bien. (*Elle raccroche. On sonne.*) Allô! allô! 04 virgule 7?
Non, pas 6, 7. Oh! (*Elle sonne.*) Allô! ... allô, mademoiselle.
On se trompe. On me donne le virgule 6. Je demande le
virgule 7. 04, virgule 7 Auteuil. (*Elle attend.*) Allô! Auteuil

04 virgule 7? Ah! oui. C'est vous Joseph ... C'est madame
... On nous a coupés avec monsieur ... Pas là? ... oui ...
oui ... il ne rentre pas ce soir ... c'est vrai je suis stupide!
Monsieur me téléphonait d'un restaurant, on a coupé et je
redemande son numéro ... Excusez-moi, Joseph ... Merci
... merci bien ... Bonsoir, Joseph ... (*Elle raccroche et se
trouve presque mal. On sonne.*)

   Allô! ah! chéri! c'est toi? ... On avait coupé ... Non, non.
J'attendais. On sonnait, je décrochais et il n'y avait personne
... Sans doute ... Bien sûr ... Tu as sommeil ... Tu es bon
d'avoir téléphoné ... très bon (*Elle pleure.*) ... (*Silence.*) ...
Non, je suis là ... Quoi ... Pardonne ... C'est absurde ...
Rien, rien ... Je n'ai rien ... Je te jure que je n'ai rien ...
C'est pareil ... Rien du tout. Tu te trompes ... Le même
que tout à l'heure ... Seulement, tu comprends, on parle, on
parle, on ne pense pas qu'il faudra se taire, raccrocher, re-
tomber dans le vide, dans le noir ... alors ... (*Elle pleure.*)
... Ecoute, mon amour. Je ne t'ai jamais menti ... Oui, je
sais, je sais, je te crois, j'en suis convaincue ... non, ce n'est
pas ça ... c'est parce que je viens de mentir ... Tout de suite
... là ... au téléphone, depuis un quart d'heure, je mens. Je
sais bien que je n'ai plus aucune chance à attendre, mais
mentir ne porte pas la chance et puis je n'aime pas te mentir,
je ne peux pas, je ne veux pas te mentir, même pour ton bien
... Oh! rien de grave, mon chéri, ne t'effraye pas ... Seulement je mentais en te décrivant ma robe et en te disant que
j'avais dîné chez Marthe ... Je n'ai pas dîné, je n'ai pas ma
robe rose. J'ai un manteau sur ma chemise parce qu'à force
d'attendre ton téléphone, à force de regarder l'appareil, de
m'asseoir, de me lever, de marcher de long en large, je
devenais folle, folle! Alors j'ai mis un manteau et j'allais
sortir, prendre un taxi, me faire mener devant tes fenêtres,
pour attendre ... Eh bien! attendre, attendre je ne sais quoi
... Tu as raison ... Si ... Si, je t'écoute ... Je serai sage ...
Je t'écoute ... Je répondrai à tout, je te jure ... Ici ... Je
n'ai rien mangé ... Je ne pouvais pas ... J'ai été très malade
... Hier soir, j'ai voulu prendre un comprimé pour dormir; je
me suis dit que si j'en prenais plus je dormirais mieux et que
si je les prenais tous, je dormirais, sans rêve, sans réveil, je
serais morte. (*Elle pleure.*) ... J'en ai avalé douze ... dans

de l'eau chaude . . . Comme une masse. Et j'ai eu un rêve. J'ai
rêvé ce qui est. Je me suis réveillée en sursaut toute contente
parce que c'était un rêve, et quand j'ai su que c'était vrai, que
j'étais seule, que je n'avais pas la tête sur ton cou et sur ton
épaule, et mes jambes entre tes jambes, j'ai senti que je ne
pouvais pas, que je *ne pouvais pas* vivre . . . légère, légère et
froide et je ne sentais plus mon cœur battre et la mort était
longue à venir et comme j'avais une angoisse épouvantable, au
bout d'une heure j'ai téléphoné à Marthe. Je n'avais pas le
courage de mourir seule . . . Chéri . . . Chéri . . . Il était quatre
heures du matin. Elle est arrivée avec le docteur qui habite
son immeuble. J'avais plus de quarante. Il paraît que c'est
très difficile de s'empoisonner et qu'on se trompe toujours de
dose. Le docteur a fait une ordonnance et Marthe est restée
près de moi jusqu'à ce soir. Je l'ai suppliée de partir parce que
tu avais dit que tu téléphonerais une dernière fois et j'avais
peur qu'on m'empêche de parler . . . Très, très bien . . . Plus
du tout . . . Si, c'est vrai . . . Un peu de fièvre . . . 38°3 . . .
c'était nerveux . . . ne t'inquiète pas . . . Que je suis ma-
ladroite! Je m'étais juré de ne pas te donner d'inquiétude, de te
laisser partir tranquille, de té dire au revoir comme si nous
devions nous retrouver demain . . . On est bête . . . Si, si, bête!
. . . Ce qui est dur c'est de raccrocher, de faire le noir . . .
(*Elle pleure.*) . . . Allô! . . . Je croyais qu'on avait coupé . . .
Tu es bon, mon chéri . . . Mon pauvre chéri à qui j'ai fait du
mal . . . Oui, parle, parle, dis n'importe quoi . . . Je souffrais
à me rouler par terre et il suffit que tu parles pour que je me
sente bien, que je ferme les yeux. Tu sais, quelquefois quand
nous étions couchés et que j'avais ma tête à sa petite place
avec mon oreille contre ta poitrine et que tu parlais,
j'entendais ta voix, exactement la même que ce soir dans
l'appareil . . . Lâche? . . . c'est moi qui suis lâche. Je m'étais
juré . . . je . . . Par exemple! Toi qui . . . toi . . . toi qui ne
m'as jamais donné que du bonheur . . . Mais, mon chéri, je le
répète, ce n'est pas exact. Puisque je savais — je *savais* —
j'attendais ce qui est arrivé. Alors que tant de femmes s'ima-
ginent passer leur existence auprès de l'homme qu'elles aiment
et apprennent la rupture sans préparatifs — *Je savais* —
. . . Même, je ne te l'ai jamais dit, mais, tiens, chez la modiste,
dans un magazine, j'ai vu sa photographie . . . Sur la table,

grand ouvert à la bonne page ... C'est humain ou plutôt féminin ... Parce que je ne voulais pas gâcher nos dernières semaines ... non. Tout naturel ... Ne me fais pas meilleure que je ne suis ... Allô! J'entends de la musique ... Je dis: J'entends de la musique ... Eh bien, tu devrais cogner au mur et empêcher ces voisins de jouer du gramophone à des heures pareilles. Ils ont pris de mauvaises habitudes parce que tu n'habitais jamais chez toi ... C'est inutile. Du reste, le docteur de Marthe reviendra demain ... Non, mon chéri. C'est un très bon docteur et il n'y a aucune raison pour que je le blesse en en faisant venir un autre ... Ne t'inquiète pas ... ... Mais oui ... mais oui ... Elle te donnera des nouvelles ... Je comprends ... je comprends ... Du reste, cette fois-ci, je suis brave, très brave ... Quoi? ... Oh! si, mille fois mieux. Si tu n'avais pas appelé je serais morte ... Non ... attends ... attends ... Trouvons un moyen ... (*Elle marche de long en large et sa souffrance lui tire des plaintes.*) ... Pardonne-moi. Je sais que cette scène est intolérable et que tu as bien de la patience, mais comprends-moi, je souffre, je souffre. Ce fil, c'est le dernier qui me rattache encore à nous ... Avant-hier soir? j'ai dormi. Je m'étais couchée avec le téléphone ... Non, non. Dans mon lit ... Oui. Je sais. Je suis très ridicule, mais j'avais le téléphone dans mon lit parce que, malgré tout, on est relié par le téléphone. Il va chez toi et puis j'avais cette promesse de ton coup de téléphone. Alors, figure-toi que j'ai fait une foule de petits rêves. Ce coup de téléphone devenait un vrai coup que tu me donnais et je tombais, ou bien un cou, un cou qu'on étrangle, ou bien j'étais au fond d'une mer qui ressemblait à l'appartement d'Auteuil, et j'étais reliée à toi par un tuyau de scaphandre et je te suppliais de ne pas couper le tuyau — enfin des rêves stupides si on les raconte; seulement dans le sommeil ils vivaient et c'était terrible ... Parce que tu me parles. Voilà cinq ans que je vis de toi, que tu es mon seul air respirable, que je passe mon temps à t'attendre, à te croire mort si tu es en retard, à mourir de te croire mort, à revivre quand tu entres et quand tu es là enfin, à mourir de peur que tu partes. Maintenant, j'ai de l'air parce que tu me parles. Mon rêve n'est pas si bête. Si tu coupes, tu coupes le tuyau ... C'est entendu, mon amour; j'ai dormi. J'ai dormi parce que c'était la première fois. Le docteur l'a dit: c'est une intoxication. Le premier soir, on dort. Et puis la souffrance distrait, elle est toute neuve, on la supporte. Ce qu'on ne supporte pas c'est la seconde nuit, hier, et la troisième, ce soir, dans quelques minutes et demain et après-demain et des jours et des jours à faire quoi, mon Dieu? . . . Je n'ai pas de fièvre, pas la moindre fièvre; je vois juste . . . C'est parce que c'est insoluble que j'aurais mieux fait d'avoir du courage et te raconter des mensonges . . . Et . . . et en admettant que je dorme, après le sommeil il y a les rêves et le réveil et manger et se lever et se laver et sortir et aller où? . . . Mais, mon pauvre chéri, je n'ai jamais eu rien d'autre à faire que toi . . . Pardon! J'étais toujours prise, c'est entendu. Prise par toi, pour toi . . . Marthe a sa vie organisée . . . C'est comme si tu demandais à un poisson comment il compte arranger sa vie sans eau . . . Je te le répète, je n'ai besoin de personne . . . Des distractions! Je vais t'avouer une chose qui n'est pas très poétique mais qui est vraie. Depuis ce fameux dimanche soir, je n'ai été distraite qu'une seule fois, chez le dentiste, quand il m'a touché un nerf . . . Seule . . . Seule . . . Voilà deux jours qu'il ne quitte pas l'antichambre . . . J'ai voulu l'appeler, le caresser. Il refuse qu'on le touche. Un peu plus, il me mordrait . . . Oui, moi, moi! Il retourne les lèvres et il grogne. C'est un autre chien, je t'assure. Il me fait peur . . . Chez Marthe? Je te répète qu'on ne peut pas l'approcher. Marthe a eu toutes les peines du monde à sortir. Il ne voulait pas laisser ouvrir la porte . . . C'est même plus prudent. Je te jure qu'il m'effraye. Il ne mange plus. Il ne bouge plus. Et quand il me regarde il me donne la chair de poule . . . Comment veux-tu que je sache? Il croit peut-être que je t'ai fait du mal . . . Pauvre bête! . . . Je n'ai aucune raison de lui en vouloir. Je ne le comprends que trop bien. Il t'aime. Il ne te voit plus rentrer. Il croit que c'est ma faute . . . Essaye d'envoyer Joseph . . . Je crois qu'il suivrait Joseph . . . Oh! moi . . . Un peu plus, un peu moins . . . . Il ne m'adorait pas du tout. La preuve! . . . Il en avait l'air, c'est possible, mais je te jure bien qu'il ne faudrait pas que je le touche . . . Si tu ne veux pas le reprendre je le mettrai chez un garde. C'est inutile que ce chien tombe malade et devienne méchant . . . Il ne mordra personne s'il est chez toi. Il aimera ceux que tu aimes . . . Enfin, je voulais

dire: il aimera les gens avec lesquels tu vis . . . Oui, mon chéri.
C'est entendu; mais c'est un chien. Malgré son intelligence, il
ne peut pas le deviner . . . Je ne me gênais pas devant lui.
Alors Dieu sait ce qu'il a vu! . . . Je veux dire qu'il ne me
reconnaît peut-être pas, que je lui ai peut-être fait peur . . .
On ne sait jamais . . . Au contraire . . . Regarde, tante Jeanne,
le soir où je lui ai appris que son fils avait été tué. Elle est
très pâle et très petite — Eh bien, elle est devenue toute rouge
et géante . . . Une géante rouge; elle cognait le plafond avec sa
tête et elle avait des mains partout, et son ombre remplissait
la chambre et elle faisait peur . . . *elle faisait peur!* . . . Je te
demande pardon. Justement sa chienne. Elle se cachait sous
la commode et elle aboyait comme après une bête . . . Mais,
je ne sais pas, mon chéri! Comment veux-tu que je sache? On
n'est plus soi-même. J'ai dû faire des choses effrayantes.
Pense que j'ai déchiré tout le paquet de mes photographies et
l'enveloppe du photographe d'un seul coup, sans m'en apercevoir. Même pour un homme ce serait un tour de force . . .
Celles pour le permis . . . Quoi? . . . Non, puisque je n'ai
plus besoin de permis . . . Ce n'est pas une perte. J'étais
affreuse . . . Jamais! J'ai eu la chance de te rencontrer en
voyageant. Maintenant, si je voyageais, je pourrais avoir la
malchance de te rencontrer . . . N'insiste pas . . . Laisse . . .
Allô! Allô! Madame, retirez-vous. Vous êtes avec des abonnés
. . . Allô! mais non, Madame . . . Mais, Madame, nous ne cher-
chons pas à être intéressants. Vous n'avez qu'à ne pas rester
sur la ligne . . . Si vous nous trouvez ridicules, pourquoi
perdez-vous votre temps au lieu de raccrocher? . . . Oh! . . .
Mon chéri! mon chéri! Ne te fâche pas . . . Enfin! . . . non,
non. Cette fois, c'est moi. Je touchais le récepteur. Elle a
raccroché. Elle a raccroché. Elle a raccroché tout de suite
après avoir dit cette chose ignoble . . . Allô! . . . Tu as l'air
frappé . . . Si, tu es frappé à cause de ce que tu viens d'entendre, je connais ta voix . . . Tu es frappé! . . . Je . . . mais
mon chéri, cette femme doit être très mal et elle ne te connaît
pas. Elle croit que tu es comme les autres hommes . . . Mais
non, mon chéri! Ce n'est pas du tout pareil . . . Quels re-
mords? . . . Allô! . . . laisse, laisse. Ne pense plus à cette
stupidité. C'est fini . . . Que tu es naïf! . . . Qui? N'importe
qui. Avant-hier j'ai rencontré la personne dont le nom com-

mence par S . . . Par la lettre S— B. S. — oui, Henri Martin . . .
Elle m'a demandé si tu avais un frère et si c'était lui dont on
annonce le mariage . . . Qu'est-ce que tu veux que ça me
fasse? . . . La vérité . . . Un air de condoléances . . . Je t'avoue
que je ne me suis pas éternisée. J'ai dit que j'avais du monde à
la maison . . . Ne cherche pas midi à quatorze heures, c'est
très simple. Les gens détestent qu'on les lâche, et peu à peu j'ai
laché tout le monde . . . Je ne voulais pas perdre une minute
de nous . . . Complètement égal. Ils peuvent dire ce qu'ils
veulent . . . Il faut être juste. Notre situation est inexplicable
pour les gens . . . Pour les gens . . . Pour les gens, on s'aime ou
on se déteste. Les ruptures sont des ruptures. Ils regardent
vite. Tu ne leur feras jamais comprendre . . . Tu . . . tu ne leur
feras jamais comprendre certaines choses . . . Le mieux est de
faire comme moi et de s'en moquer . . . Complètement (*Elle
pousse un cri de douleur sourde.*) Oh! . . . Rien. Je parle, je
parle; je crois que nous parlons comme d'habitude et puis
tout à coup la vérité me revient . . . (*Larmes.*) . . . Pourquoi se
faire des illusions? . . . Oui . . . oui . . . Non! Dans le temps,
on se voyait. On pouvait perdre la tête, oublier ses promesses,
risquer l'impossible, convaincre ceux qu'on adorait en les em-
brassant, en s'accrochant à eux. Un regard pouvait changer
tout. Mais avec cet appareil, ce qui est fini est fini . . . Sois
tranquille. On ne se suicide pas deux fois . . . Peut-être,
pour essayer de dormir . . . Je ne saurais pas acheter un revolver. Tu ne me vois pas achetant un revolver! . . . Où
trouverai-je la force de combiner un mensonge, mon pauvre
adoré? . . . Aucune . . . J'aurais dû avoir de la force. Il y a
des circonstances où le mensonge est utile. Toi, si tu me
mentais pour rendre la séparation moins pénible . . . Je ne
dis pas que tu mentes. Je dis: si tu mentais et que je le sache.
Si, par exemple, tu n'étais pas chez toi et que tu me dises
. . . Non, non, mon chéri! Ecoute . . . Je te crois . . . Je n'ai
pas voulu dire que je ne te croyais pas . . . Pourquoi te
fâches-tu? . . . Si, tu, prends une voix méchante. Je disais
simplement que si tu me trompais par bonté d'âme et que je
m'en aperçoive, je n'en aurais que plus de tendresse pour toi
. . . Allô! allô! . . . Allô! (*Elle raccroche en disant bas et très
vite.*) Mon Dieu, faites qu'il redemande. Mon Dieu, faites qu'
il redemande. Mon Dieu, faites qu'il redemande. Mon Dieu,

faites qu'il redemande. Mon Dieu, faites (*On sonne. Elle
décroche.*) On avait coupé. J'étais en train de te dire que si tu
me mentais par bonté et que je m'en aperçoive, je n'en aurais
que plus de tendresse pour toi . . . Bien sûr . . . Tu es fou! . . .
Mon amour . . . mon cher amour . . . (*Elle enroule le fil
autour de son cou.*) . . . Je sais bien qu'il le faut, mais c'est
atroce . . . Jamais je n'aurai ce courage . . . Oui. On a l'illusion
d'être l'un contre l'autre et brusquement on met des caves,
des égouts, toute une ville entre soi . . . Tu te souviens
d'Yvonne qui se demandait comment la voix peut passer à
travers les tortillons du fil. J'ai le fil autour de mon cou. J'ai
ta voix autour de mon cou . . . Il faudrait que le bureau nous
coupe par hasard . . . Oh! mon chéri! Comment peux-tu
imaginer que je pense une chose si laide? Je sais bien que
cette opération est encore plus cruelle à faire de ton côté que
du mien . . . non . . . non, non . . . A Marseille? . . . Ecoute,
chéri, puisque vous serez à Marseille après demain soir, je
voudrais . . . enfin j'aimerais . . . j'aimerais que tu ne des-
cendes pas à l'hôtel où nous descendons d'habitude. Tu n'es
pas fâche? . . . Parce que les choses que je n'imagine pas
n'existent pas, ou bien, elles existent dans une espèce de lieu
très vague et qui fait moins mal . . . tu comprends? . . . Merci
. . . merci. Tu es bon. Je t'aime. (*Elle se lève et se dirige vers
le lit avec l'appareil à la main.*)
     Alors, voilà . . . voilà . . . J'allais dire machinalement: à
tout de suite . . . J'en doute . . . On ne sait jamais . . . Oh! . . .
c'est mieux. Beaucoup mieux . . . (*Elle se couche sur le lit et
serre l'appareil dans ses bras.*)
     Mon chéri . . . mon beau chéri . . . Je suis brave. Dépêche-
toi. Vas-y. Coupe! Coupe vite! Coupe! Je t'aime, je t'aime, je
t'aime, je t'aime . . . (*Le récepteur tombe par terre.*)

                              RIDEAU

Specimen analysis

FOUR ESSENTIAL STAGES IN THE PLAY

Stage I: Contact

Stage II: Deception

Stage III: Distress

Stage IV: Separation

Stage I Contact	Shorthand Analysis
p.10 Bedroom decor, but cruel lighting. Actress: *'comme assassinée'*	Decor suggests murder of intimacy. Sets tone, prepares for final outcome.
p.12 Interruption: *'Mais non, madame'* *'Allô mademoiselle'* *'Redemande'*	Lengthy episode to establish telephone convention and woman anxiety. General observation: alongside the spoken 'signposts' of development the capricious telephone is the most important recurrent device. First use of the device: provides credible pretext for her to telephone lover's home and thus discover his absence.

But any good dramatic device serves several purposes. In this case, the punctuations increase her emotional stress, underline pathos of her situation by breaking communication, provide dramatic balance (humorous note of some interruptions, tensions released by others — 'Mon Dieu faites qu'il redemande . . . ' etc.) and reassert Cocteau's customary vision of malevolent or enchanted machinery.

p.12 *On sonne.*	Isolation from rest of world, but physical separation is metaphor of emotional division.
p.12 *'Ah! enfin . . . '*	

Stage II   Deception

Situation—
The man: pretends to be making anxiously awaited call from his home.

The woman: no recriminations, disguises distress, positive attempt to re-establish communication.

p.12 *'Je rentre il y a dix minutes'*	First lie: appearance contradicts words.
p.13 Moderate pill-taking	Deception and Time (1)
p.13 Letters in yellow bag	The past—signpost giving nature of past relationship. The present—probable lie about present state. The future—inevitability of split.
p.13 Outing with Marthe	Unmistakable lie about present.
p.13 Moderate dress and smoking	Further lies about present.
p.13 *'Tu es resté à la maison'*	Reinforces his lie about electric clock.
p.13 *'Il a toujours été convenu'*	Past—harmony and frankness. Present—disharmony and lies.

p.14 Interruption: 'Allô'	Four momentary breaks a) to consolidate convention b) to emphasize her sense of value of past relationship.
p.14 'Demain?' '. . . quelques jours à la campagne . . .'	Present—emotionally abrupt return to unhappiness. Future—reminder of concrete practicalities. The man: sincere alarm about future. The woman: feigned indifference although mentions friend's name to make story credible, it is only an afterthought and makes story more improbable.
p.14 'Il est là' (the dog)	The man: echo of his indifferent practicality (cf. his gloves later) The woman: has to forsake her own plight for that of the dog. Reinforcement of Joseph.
p.15 'J'aimerais que tu gardes la cendre.'	The man: concern with personal (material) effects. The woman: concern with collective (emotional) memories.
p.15 Interruption: 'Allô'	Some lines of difficult communication—use of conventi intensifies as most significant break approaches.
p.16 'On dirait que ce n'est pas ton appareil'	Ironic signpost to imminent discovery/self admission of his duplicity.
p.16 'Je te vois tu sais'	Past: pathetic attempt to revive memories of association. Present: false visualization, contrasting with:
p.16 'Surtout ne me regarde pas'	Present: the reality of her state, true visualization of her by

audience, the physical process of aging which is a metaphor for her emotional death.

p.16 *'Le téléphone deviendrait une arme effrayante'*

Final signpost to the discovery which will constitute the pivot of the entire play.

Deception and Time (2)
Past: association of Joseph and the dog.
Present: intensification of her agony.
Future: increasing certainty of her abandonment.

Stage III: Distress
p.17 *'Non, non. J'attendais. On sonnait.'*

Her sincerity is measured by selfless lie a) to keep communication open b) to spare his embarrassment at being found out.

p.17 *'Elle pleure . . . silence.*

Her genuine grief suspends communication.

p.17 *'J'en ai avalé douze.'*

The suicide attempt refers back to past unhappiness, and forwards to imminent death.

p.18 *'J'ai vu sa photographie.'*

This time the deception is of a different kind: his because of the other woman, hers because she knew about it.

p.19 *Elle marche de long en large.*

This first movement away from chair (physical dimension of distress so far confined to voice and gesture) acts as preparation for the final, decisive movement to bed at end.

p.19 *'Ce fil qui me rattache encore à nous'*

Past: preparation for dream
Future: the telephone wire is the

		only link that remains.
p.19	*'J'avais le téléphone dans mon lit.'*	Where the themes of passion, communication, past life and imminent death are fully inter-woven.
p.19	*'tu es mon seul air respirable'*	Signpost to final irony of death by strangulation.
p.22	*'Je ne dis pas que tu mentes.'*	Her last attempt to finish the call with grace: he loses his temper and the communication is broken for the last time—false ending acting as preparation for real curtain.
p.22	Interruption: *'Mon Dieu, faites qu'il redemande.'*	A possible culmination: The man—if he doesn't ring back his callous indifference is confirmed. The woman—for her to end on a prayer would introduce the notion of consolation, but would ignore her despair of capricious telephone wire subjecting her in turn to closeness, separation, then death.

Stage IV: Separation

p.23	*'Tu te souviens d'Yvonne'*	Past: brief excursion into memories.
p.23	*'A Marseille.'*	Present: danger of separation and death Future: one last, frail hope.
p.23	*'Tu es bon. Je t'aime.' 'J'allais dire: à tout de suite.'*	Terminal incompatability of her love/his departure.
p.23	*Elle se couche sur le lit et serre l'appareil dans ses bras.*	Physical résumé of play's entire action: the image is final ironic union of *devices* (telephone, dream, bed) and *themes* (love,

separation, death.) Visual
counterpart to aural climax
of last speech.

p.23 *'Coupe! coupe vite! '*   The abandoned woman takes
the decisive act to sever
communication, and 'pull the
rope tight.' Verbal and rhythmic
urgency brings play's essential
conflict—sexual harmony and
discord—to a culmination.

La Voix humaine: Summary

Transition

La Voix humaine marks a transition between two modes of theatre. On the one hand we find the *pièce bien faite* and the slice-of-life realism, so characteristically blended in much boulevard drama of the early twentieth century. On the other, the disturbed worlds of derision, derangement and despair that were to be staged, after the end of World War II, in the smaller Parisian theatres.

Convention

Despite its carefully controlled fantasy (the dream) and despite the novelty of its form (in appearance a soliloquy, but demanding both skill from the actress and an imaginative response from the audience), the play retains the dramatic conventions of a solidly constructed plot.

Content

The basic ingredients are simple — a jilted woman, an untidy bedroom and a capricious telephone. Cocteau's skill, perhaps even his daring, consists in choosing a conventional, not to say banal, dramatic situation (the triangle so dear to the boulevard playwright and audience) and of transforming it into a moving dramatic experience.

Treatment

Novelty of treatment, then, but a number of stock methods, the most obvious of which is his dependence on suspense. However, there are conventions which the playwright purposely avoids. The poignancy of the final telephone call, for instance, is to be conveyed not by a rhetoric of words or behaviour, or by any means of the *théâtre d'après le théâtre,* as he calls it in his Preface.

Quite the reverse, in fact, since the sparing use of stage movement underlines her distress by understating it. The unseen interlocutor, the presence of silence and the interference of an almost malicious telephone all contribute to delay the elucidation of the mystery, removing the play even further from the neat solutions of thirty years before.

Use of Silence

Whereas the plays of the *Intimiste* school — attempting to convey meaning and naturalistic emotion by means of a dialogue of pauses and inconsequentialities — were often tedious and drab, the use of silence in *La Voix humaine* is one of its most positive features. Not the least of Cocteau's technical achievements is that, given the need for the pauses to be of credible length, the audience must be watching a totally silent performance, during at least ten of the play's forty minutes' duration.

Authenticity and Structure

The Actress's remarks are often inconsequential, superficial, unrelated: as with the *Intimistes* the authenticity of the realistic telephone conversation is at stake. In Cocteau's play, however, the incoherence is more apparent than real. Behind the apparently insignificant, even irrelevant, comments, there is evidence of Cocteau's careful choice of detail and incident about the woman's past, passion and pain. The seemingly haphazard introduction of certain details takes place in fact in a regulated structure of skilfully prepared effects.

Architecture of Play

For instance, there are six principal references in the play to the woman's behaviour the previous night, the actions of Marthe, and the story of the dog. These occur, in the same sequence, in two groups of three: one group just after the beginning and the other just before the end.

The groups are separated by a passage containing her self-admission that the man has been lying to her about where he is phoning from. This is also the point at which the second out of his three successful calls is made — the first as a duty, the second as a justification, the third as a rejection — and is just about half-way through the play.

By consideration of these groups, we find that the second phone call gives us a median in the play's development. Where before the woman's state was characterised by the general *Elle pleure*, it is now intensified into *Elle raccroche et se trouve presque mal*.

If we were to represent this sequence in shorthand form, it would look something like this:

Curtain		*Curtain*
1st Call	2nd Call	3rd Call
	→hope still alive→hope in decline→	
1. *hier soir* ⎫		⎧ 1. *hier soir*
2. *Marthe* ⎬ lies	truth	⎨ 2. *Marthe*
3. *le chien* ⎭		⎩ 3. *le chien*

Unity and Mood

In keeping with the warning given in the Introduction about the dangers of emphasizing a play's divisions at the expense of its unity, we might also observe the cohesion of this play with a single character, a single theme, an almost unbroken movement from the place where she was initially found *comme assassinée*, to the ultimate lifeless posture on the bed with the telephone cord dangling from her neck.

Dramatic Symbols

Indeed it is on the *leitmotif* of death that the unity of *La Voix humaine* may be said to rest. But death is also one of the two central dramatic symbols in the play.

In this evocation of a breakdown in human response there are three stages: union, dissolution and disunion. The symbol of union is the woman's yellow bag — full of letters, hope, love and harmony; the bag is the symbol of their past joy.

The process of dissolution linking the two symbols is the action of the play itself, in which we see the last remnants of her hope, communicative powers, even the breath of life, being eaten away as if by a corrosive acid.

The symbol of disunion is that of death itself, and it needs no further comment except that with the death of communication comes the end of the play; the integration of theme and structure is complete.

Beyond the Play

Past joy, present distress, future annihilation; the three terms of the woman's relationship with her lover. Going from the particular to the universal (and remembering that neither the man's nor the woman's name is ever mentioned — she is, the playwright is at pains to point out, a *femme anonyme*) we might discern a past life, a present nightmare, and a future death: Cocteau would not be the only artist to have used this sequence as a paradigm of existence itself.

Part 3

LE CHARLATANISME
(1825)
by Eugène Scribe

Eugène Scribe (1791–1861)

Astonishingly prolific playwright and librettist: 216 of these comédies-vaudevilles, *35 full-length plays, 114 librettos; middle-class themes and situations; superlative craftsmanship of plot structure, suspense,* coups de théâtre, *rather than of organic dramatic development; founder for these reasons of the* pièce bien faite *which is at source of western theatrical realism: 'the first of the moderns, the last of the French classicists' (Eric Bentley,* The Life of the Drama. *Methuen 1964 p. 24).*

COMEDIE – VAUDEVILLE EN UN ACTE

Représentée pour la première fois, à Paris, sur le théâtre
du Gymnase dramatique, le 10 mai 1825.

EN SOCIETE AVEC M. MAZÈRES.

PERSONNAGES

DELMAR, homme de lettres.
RONDON, journaliste.
REMY, médecin.
M. GERMONT.
SOPHIE, sa fille.

MADAME DE MELCOURT
nièce de M. Germont.
JOHN, ⎰ domestiques de
FRANCOIS,⎱ Delmar.

*La scène se passe à Paris, dans la maison de Delmar,
rue du Mont-Blanc*

Le théâtre represente un salon élégant; porte au fond, et deux portes
latérales: aux côtés de la porte du fond, deux corps de bibliothèque
garnis de livres et surmontés, l'un du buste de Piron, l'autre de celui de
Favart; à la droite du théâtre, un bureau; à gauche, une table, sur
laquelle Delmar est occupé à écrire au lever du rideau.

SCENE PREMIERE
DELMAR, JOHN

DELMAR *travaillant à son bureau*:   Hein! qui vient là me déranger? voilà une scène que je n'achèverai jamais. Eh bien! John, qu'est-ce que c'est?

JOHN: Monsieur, c'est aujourd'hui le 15 avril; et le monsieur qui a retenu l'appartement du quatrième vient s'y installer.

DELMAR: Est-ce que je l'en empêche?

JOHN: Non, monsieur; mais il veut vous parler, parce que c'est lui qui a aussi retenu l'appartement du premier, vis-à-vis: c'est pour des personnes de province.

DELMAR: Je dis qu'il n'y a pas moyen de travailler quand on est homme de lettres et qu'on a le malheur d'être propriétaire. Je sais bien que l'inconvénient est rare. Mais enfin, voilà une scène d'amour, une situation dramatique . . .

Air de Partie carrée.

A chaque instant on m'importune;
Il faut quitter les muses pour l'argent.
On veut avoir et génie et fortune
Tour à la fois! impossible vraiment!
Lorsque l'on est au sein de l'opulence,
L'esprit ne fait qu'embarrasser;
Voilà pourquoi tant de gens de finance
Aiment mieux s'en passer.

JOHN: Monsieur, je vais renvoyer le locataire.

DELMAR: Eh non! ce ne serait pas honnête. Qu'est-ce que c'est?

JOHN: Je crois que c'est un médecin.

DELMAR: Un médecin! diable, les médecins, c'est bien usé! J'aurais préféré un locataire qui eût un autre état, un état original; cela m'aurait fourni quelques sujets. (*A John.*) C'est égal, fais entrer. (*John sort.*) J'ai justement un vieux médecin à mettre en scène; et peut-être, sans qu'il s'en doute, ce brave homme pourra me servir.

SCENE II
DELMAR, REMY, JOHN

JOHN *annonçant*:   M. le docteur Rémy.

DELMAR *se levant*:   Rémy! (*Courant à Rémy.*) Mon ami, mon ancien camarade! Comment! c'est toi qui viens loger chez moi?

REMY: Cette maison t'appartient?

DELMAR: Eh oui, vraiment.

REMY: Je n'en savais rien. Il y a si longtemps que nous ne nous sommes vus!

DELMAR: Tu as raison. Autrefois, quand nous étions étudiants, moi à l'école de droit, toi à l'école de médecine . . .

REMY: Nous ne nous quittions pas, nous vivions ensemble.

DELMAR: Et quand j'étais malade, quel zèle! quelle amitié! comme tu me soignais! deux fois je t'ai dû la vie. Mais que veux-tu! je suis un malheureux, un ingrat: depuis que je me porte bien, je t'ai oublié.

REMY: Non, tu ne m'as pas oublié; tu m'aimes toujours, je le vois à la franchise de ton accueil; mais les événements nous ont séparés. J'ai été passer deux ans à Montpellier. Je travaillais beaucoup, je t'écrivais quelquefois; et toi, lancé au milieu des plaisirs de la capitale, tu n'avais pas le temps de me répondre. Cela m'a fait un peu de peine; et pourtant je ne t'en ai pas voulu: tu as la tête légère, mais le cœur excellent, et en amitié cela suffit.

DELMAR: Ainsi donc, tu abandonnes le quartier Saint-Jacques pour la rue du Mont-Blanc! Tant mieux, morbleu!

Air de Préville et Taconnet.

Comme autrefois nous vivrons, je l'espère:
Pour commencer, plus de bail, plus d'argent.

REMY: Quoi! tu voudrais . . . ?

DELMAR: Je suis propriétaire:
Tu garderas pour rien ton logement,
Ou nous aurons un procès sur-le-champ.

REMY: Mais permets donc . . .

DELMAR: Allons, cher camarade,
Daigne accepter les offres d'un ami;
Ne souffre pas que l'on dise aujourd'hui
Qu'Oreste envoie un huissier à Pylade,
Pour le forcer à demeurer chez lui.

REMY: Un procès avec toi! certes, je ne m'y exposerai pas; car, autant que j'y puis voir, tu es devenu un avocat distingué, tu as fait fortune au barreau.

DELMAR: Du tout.

REMY: Cependant, quand j'ai quitté Paris, tu venais de passer ton dernier examen.

DELMAR: J'en suis resté là, et de l'étude d'avoué, je me suis élancé sur la scène.

REMY: Vraiment! tu as toujours en du goût pour la littérature.

DELMAR: Non pas celle de Racine et de Molière, mais autre, qu'on a inventée depuis, et qui est plus expéditive. Je me rappelais l'exemple de Gilbert, de Malfilâtre et compagnie, qui sont arrivés au temple de mémoire en passant par l'hôpital; et je me disais:"Pourquoi les gens qui ont de l'esprit n'auraient-ils pas celui de faire fortune? pourquoi la richesse serait-elle le privilège exclusif des imbéciles et des sots? pourquoi surtout un homme de lettres irait-il fatiguer les grands de ses importunités? Non, morbleu! il est un protecteur auquel on peut, sans rougir, consacrer ses travaux, un *Mécéne* noble et généreux qui récompense sans marchander, et qui paye ceux qui l'amusent; c'est le public."

REMY:　Je comprends! tu as fait quelques tragédies, quelques poëmes épiques.

DELMAR:　Pas si bête! Je fais l'opéra-comique et le vaudeville. On se ruine dans la haute littérature; on s'enrichit dans la petite. Soyez donc dix ans à créer un chef-d'œuvre! Nous mettons trois jours à composer les nôtres; et encore souvent nous sommes trois! Ainsi, calcule.

REMY:　C'est l'affaire d'un léjeuner.

DELMAR:　Comme tu dis, les déjeuners jouent un grand rôle dans la littérature; c'est comme les dîners dans la politique. De nos jours, combien de réputations et de fortunes enlevées à la fourchette! Je sais bien que nos chefs-d'œuvre valent à peu près ce qu'ils nous coûtent. Mais on en a vu qui duraient huit jours; quelques uns ont été jusqu'à quinze; et quand on vit un mois, c'est l'immortalité, et on peut se faire lithographier avec une couronne de laurier.

REMY:　Et tu es heureux?

DELMAR:　Si je suis heureux!

Air des Amazones.

N'allant jamais implorer la puissance,
Je ne crains pas qu'on m'arrête en chemin;
Libre, et tout fier de mon indépendance,
Par le travail j'embellis mon destin;
Aux malheureux je peux tendre la main.
Quand je le veux, je cède à la paresse;
L'amour souvent vient agiter mon cœur.

(Prenant la main de Rémy.)
J'ai retrouvé l'ami de ma jeunesse;
Dis-moi, mon cher, n'est-ce pas le bonheur?

Et toi, mon cher, comment vont les affaires?

REMY: Assez mal; j'ai peu de réputation, peu de clients.

DELMAR: C'est inconcevable! car je ne connais pas dans Paris de médicin qui ait plus de talent.

REMY: Dans notre état, il faut du temps pour se faire connaître: nous ne jouissons que dans l'arrière-saison; et quand la réputation arrive . . .

DELMAR: Il faut s'en aller; comme c'est gai! Mais, dis-moi, pour qui est cet appartement que tu as loué sur le même palier que moi?

REMY: Ce n'est pas pour moi, mais pour une famille qui arrive de Montpellier, et qui m'a prié de lui retenir un logement. Le père d'abord est un excellent homme, et puis la jeune personne . . .

DELMAR: Ah! ah! il y a une jeune personne! Permettez donc, monsieur le docteur, est-ce que nous serions amoureux?

REMY: A toi je peux te le confier. Eh bien, oui, je suis amoureux, et sans espoir.

DELMAR: Sans espoir! laisse donc: c'est quand les médecins n'en ont plus, que cela va toujours à merveille.

REMY: Le père est un riche propriétaire, M. Germont.

DELMAR: M. Germont, de Montpellier! nous voilà en pays de connaissance. Il a ici à Paris une nièce, madame de Melcourt, chez laquelle je suis reçu, et qui me parle souvent de son oncle, un original sans pareil, qui tient à la gloire et à la réputation, et qui a pensé mourir de joie en voyant un jour son nom imprimé dans le journal du département.

REMY: C'est lui-même. Il ne recherche pas la fortune, car il en a beaucoup; mais quand j'étais à Montpellier, il m'a promis la main de sa fille à condition que je retournerais à Paris, que je m'y ferais connaître que je deviendrais un docteur à la mode, et pour tout cela il ne m'a donné que trois ans.

DELMAR: C'est plus qu'il n'en faut.

REMY: Non, vraiment; car nous voilà à la fin de la troisième année, j'ai travaillé sans relâche, et je suis encore inconnu.

> Air: Connaissez mieux le grand Eugène.

> Ma clientèle est bien loin d'être bonne.

DELMAR: Les vivants sont tous des ingrats.

REMY: Pourtant, je n'ai tué personne.

DELMAR: Mon pauvre ami, tu ne parviendras pas.
Il faut à vous d'illustres funérailles!
Un médecin est comme un conquérant:
Autour de lui, sur les champs de bataille,
Plus il en tombe, et plus il paraît grand.

C'est ta faute; si tu m'étais venu voir plus tôt, nous aurions cherché à te lancer. D'abord, j'aurais parlé de toi dans mes vaudevilles; cela aurait couru la province, cela se serait peut-être joué à Montpellier, et si ton beau-père va au spectacle, ton mariage était décidé.

REMY: Laisse   donc.   Est-ce   que   j'aurais   jamais consenti . . . ?

DELMAR: Pourquoi pas? Mais il est encore temps; nous avons vingt-quatre heures devant nous; et en vingt-quatre heures, il se fait à Paris bien des réputations. Justement, voici mon ami Rondon, le journaliste.

SCENE III
Les Précédents; RONDON

RONDON: Bonjour, mon cher Delmar. (*A Remy, qu'il salue.*) Monsieur, votre serviteur. (*A Delmar*) Je t'apporte de bonnes nouvelles, car je sors du comité de lecture, et l'ouvrage que nous avons terminé hier a produit un effet . . .

DELMAR: C'est bien; nous en parlerons dans un autre moment. Tu viens pour travailler?

RONDON: Oui, morbleu! (*Appelant*) John! à déjeuner! car moi, je suis un bon convive et un bon enfant.

DELMAR: Je te présente le docteur Rémy, mon camarade de collège, et mon meilleur ami, un jeune praticien qui est persuadé que pour réussir il suffit d'avoir du mérite.

RONDON: Monsieur vient de province?

DELMAR: Non: du faubourg Saint-Jacques.

RONDON: C'est ce que je voulais dire.

DELMAR, *à Rémy*: Apprends donc, et mon ami Rondon te le dira, que, dans ce siècle-ci ce n'est rien que d'avoir du talent.

RONDON: Tout le monde en a.

DELMAR: L'essentiel est de le persuader aux autres, et pour cela il faut le dire, il faut le crier.

RONDON: Monsieur a-t-il composé quelque ouvrage?

REMY: Un *Traité sur le croup*, qui renferme, je crois, quelques vues utiles; mais toute l'édition est encore chez Ponthieu et Delaunay, mes libraires.

RONDON: Nous l'enlèverons; j'en ai enlevé bien d'autres.

DELMAR: Ne fais-tu pas un cours?

REMY: Oui, tous les soirs, je réunis quelques étudiants.

DELMAR: Nous en parlerons.

RONDON: Nous vous ferons connaître. Avez-vous une nombreuse clientèle?

REMY: Non, vraiment.

RONDON: C'est égal, on le dira de même.

DELMAR: Cela encouragera les autres! et puis, j'y pense, il y a une place vacante à l'Académie de médecine de Paris.

RONDON: Pourquoi ne vous mettez-vous pas sur les rangs?

REMY: Moi! et des titres?

DELMAR: Des titres! à l'Académie! c'est du luxe. As-tu adopté quelque innovation, quelque système? Pourquoi n'entreprends-tu pas l'*Acupuncture?*

RONDON: Ah, oui! le système des aiguilles?

Air du vaudeville de Fanchon.

> Pour guérir on vous pique;
> Système économique,
> Qui depuis ce moment
> Répand
> La joie en nos familles;
> Car nous avons en magasins
> Plus de bonne aiguilles
> Que de bons médecins.

> DELMAR: Les jeunes ouvrières,
> Les jeunes couturières
> Ont remplacé la Faculté;
> Ces novices gentilles
> Vont, en servant l'humanité,
> Avec un cent d'aiguilles,
> Nous rendre la santé.

RONDON: Je te prends ce trait-là pour mon journal, car je parle de tout dans mon journal; mais je ne me connais pas beaucoup en médecine; et si monsieur veut me donner deux ou trois articles tout faits . . .

REMY: Y pensez-vous! Employer de pareils moyens, ce serait mal, ce serait du charlatanisme.

DELMAR: Raison de plus.

RONDON: Du charlatanisme! mais tout le monde en use à Paris; c'est approuvé, c'est reçu, c'est la monnaie courante.

DELMAR: Témoin notre dernier succès.

RONDON: D'abord la représentation était au bénéfice d'un acteur, qui se retirait définitivement pour la quatrième fois.

DELMAR: Depuis un mois, les journaux annonçaient qu'il n'y avait plus de places, que tout était loué.

RONDON: Et la composition du spectacle!

DELMAR: Et celle du parterre! je ne t'en parle pas; mais il ne faut pas croire que nous soyons les seuls. Dans tous les états, dans toutes les classes, on ne voit que charlatanisme.

RONDON: Le marchand affiche une cessation de commerce qui n'arrive jamais.

DELMAR: Le libraire publie la troisième édition d'un ouvrage avant la première.

RONDON: Le chanteur fait annoncer qu'il est enrhumé, pour exciter l'indulgence. Charlatans! charlatans! tout ici-bas n'est que charlatans.

DELMAR: Je ne te parle pas de compères.

RONDON: Nous serons les vôtres: Je vous offre mes services et mon journal, car moi je suis bon enfant.

REMY: Je vous remercie, messieurs; mais j'ai aussi mon système, et je suis persuadé que, sans intrigue, sans prôneurs, sans charlatanisme, le véritable mérite finit toujours par se faire connaître et acquérir une gloire solide et plus durable.

DELMAR: Oui, une gloire posthume: essaye, et tu m'en diras des nouvelles.

REMY: Adieu, je vais faire quelques visites.

DELMAR, *le retenant*: Mais, écoute donc.

REMY: Si les personnes que j'attends arrivaient pendant mon absence, charge-toi de les recevoir et de leur montrer leur appartement.

DELMAR: Air: En attendant que le punch se présente.

Quand, par nos soins, notre appui tutélaire,
Tu peux marcher à la célébrité,
Quand des honneurs nous t'ouvrons la carrière,
Tu vas languir dans ton obscurité.
Songe à l'amour que ton cœur abandonne!
Songe à la gloire . . .

REMY: On doit en être épris
Quand d'elle-même à nous elle se donne;
Dès qu'on l'achète, elle n'a plus de prix.

Ensemble.

RONDON et DELMAR: Quand par nos soins,
notre appui tutélaire,
Tu peux marcher à la célébrité,
Quand des honneurs nous t'ouvrons la carrière,
Tu vas languir dans ton obscurité.

REMY: Quand par vos soins, votre appui tutélaire,
Je puis marcher à la célébrité,
Quand des honneurs vous m'ouvrez la carrière,
Moi, j'aime mieux mon humble obscurité.

(Il sort.)

SCENE IV
RONDON, DELMAR

RONDON: C'est donc un philosophe que ton ami le médecin?

DELMAR: Non, mais c'est un obstiné qui, par des scrupules déplacés, va manquer un beau mariage.

RONDON: C'est cependant quelque chose qu'un beau mariage; et puisque nous en sommes sur ce chapître, j'ai une confidence à te faire. Il est question, en projet, d'un superbe établissement pour moi: vingt mille livres de rente.

DELMAR: Vraiment! et quelle est la famille?

RONDON: Je ne te le dirai pas, car je n'en sais rien encore; mais on doit me présenter au beau-père dès qu'il sera arrivé.

DELMAR: Ah! il n'est pas de Paris?

RONDON: Non, mais il vient s'y fixer; un homme immensément riche, qui aime les arts, qui les cultive lui-même, et qui ne serait pas fâché d'avoir pour gendre un littérateur distingué et un bon enfant; et je suis là.

DELMAR: C'est cela, te voilà marié, et tu ne feras plus rien.

Air de la Robe et les Bottes.

Prends-y bien garde, tu t'abuses!
Oui, tu compromets ton état;
Quand on se voue au commerce des muses,
On doit rester fidèle au célibat.

RONDON: Crois-tu l'hymen si funeste à l'étude?

DELMAR: L'hymen, mon cher, est funeste aux auteurs;
A nous surtout, nous qui, par habitude,
Avons toujours des collaborateurs.
Et voilà pourquoi je veux rester garçon.

RONDON: Oui, et pour quelque autre raison encore. Il y a de par le monde une jolie petite dame de Melcourt.

DELMAR: Y penses-tu? la femme d'un académicien! Un instant, monsieur, respect à nos chefs, aux vétérans de la littérature.

RONDON: Oh! je suis prêt à ôter mon chapeau: mais il n'en est pas moins vrai qu'un mari académicien est ce qu'il y a de plus commode! d'abord, l'habitude qu'ils ont de fermer les yeux.

DELMAR: Halte-là, ou nous nous fâcherons. Madame de Melcourt est la sagesse même. Avant son mariage, c'était une amie de ma sœur; et il n'y a entre nous que de la bonne amitié. Ingrat que tu es! c'est à elle que nous devons nos succès; c'est notre providence littéraire. Vive, aimable, spirituelle, répandue dans le grand monde, partout elle vante tous nos ouvrages. *Divin! délicieux! admirable!* elle ne sort pas de là; et il y a tant de gens qui n'ont pas d'avis, et qui sont enchantés d'être l'écho d'une jolie femme! Et aux premières représentations, il faut la voir aux loges d'avant-scène. Elle rit à nos vaudevilles, elle pleure à nos opéras-comiques. Dernièrement encore, j'avais fait un mélodrame ...qui est-ce qui ne fait pas de sottise? j'avais fait un mélodrame à Feydeau; elle a eu la présence d'esprit de s'évanouir au second acte, cela a donné l'exemple; cela a gagné la première galerie; toutes les dames ont eu des attaques de nerfs, et moi un succès fou. Si ce ne sont pas là des obligations! . . .

RONDON: Allons! allons! tu as raison; mais il faudra lui parler de notre pièce d'aujourd'hui, celle que je viens de lire, pour que d'avance elle l'annonce dans les bals et dans les sociétés; cela fait louer des loges.

DELMAR: A propos de cela, parlons donc de notre ouvrage, donne-moi des détails sur la lecture.

RONDON: Je sors du comité, il était au grand complet. Comme c'est imposant, un comité! On y voit de tout, de graves professeurs, des militaires, des employés, des avoués, et même des hommes de lettres.

DELMAR: As-tu bien lu?

RONDON: Comme un ange.

DELMAR: Et nous sommes reçus?

RONDON: Je n'en doute pas, ils ont ri; et le directeur m'a reconduit jusqu'au bas de l'escalier, en disant qu'on allait m'écrire.(*Se mettant à la table.*) Aussi, je vais annoncer notre réception dans le journal de ce soir.

DELMAR: Il n'y a en toi qu'une chose qui me fâche, c'est que tu sois à la fois auteur et journaliste; tu te fais des pièces et tu t'en rends compte; tu te distribues, à toi, des éloges, et à tes rivaux, des critiques: cela ne me paraît pas bien.

Air: Le choix que fait tout le village.

Lorsque l'on est sorti de la carrière,
Lorsque l'on goûte un glorieux repos,
On peut porter un arrêt littéraire,
On peut alors parler de ses rivaux.
Oui, le pouvoir que déjà tu te donnes,
A nos anciens il faut l'abandonner:
Ceux qui jadis ont gagné des couronnes,
Seuls, à présent, ont le droit d'en donner.

RONDON: Ecoute donc, il faut se faire craindre des

directeurs et des confrères.

DELMAR: Et même dans les pièces où tu ne travailles pas avec moi, tu ne m'épargnes jamais les épigrammes.

RONDON: C'est vrai; je t'aime, je t'estime, j'aime tous mes confrères, mais je n'aime pas leurs succès.—Moi! un succès me fait mal, j'en conviens franchement; je suis un bon enfant, mais . . . Tiens, écoute. (*Il lit ce qu'il vient d'écrire.*) "On a reçu aujourd'hui au théâtre de . . ." Faut-il nommer le théâtre?

DELMAR: Pourquoi pas?

RONDON, *lisant*:   "On a reçu aujourd'hui, au théâtre de madame un vaudeville qu'on attribue à deux auteurs connus par de nombreux succès . . ."

DELMAR: La phrase de rigueur; et si la pièce tombe, tu mettras: "Elle est de deux hommes d'esprit, qui prendront leur revanche . . .

RONDON: C'est juste! (*Continuant à lire.*) "On assure que cette pièce ne peut qu'augmenter la prospérité d'un théâtre qui s'efforce de mériter, chaque jour, la bienveillance du public. Le zèle des acteurs, l'activité de l'administration, l'intelligence du directeur, du comité . . ."

DELMAR: Il y en a pour tout le monde.

RONDON: Dame! ils ont tous ri. Et puis, si une pièce est bonne, il ne faut pas, parce qu'elle est de nous, que cela m'empêche d'en dire du bien. Moi, je ne connais personne; la vérité avant tout.

SCENE V
Les Précédents; JOHN

JOHN: Monsieur; c'est de l'argent.

DELMAR: Bon, mes droits d'auteur du mois dernier.

JOHN: Oui, monsieur, quatre mille francs.

DELMAR: Quatre mille francs! ô Racine! ô Moliere! (*Les prenant de la main de John.*) C'est bien; mille francs pour l'économie, et mille écus pour les plaisirs. (*Il les renferme dans son secrétaire.*)

JOHN: Et puis, voici une lettre qu'un garçon de théâtre vient d'apporter.

RONDON, *se levant, et prenant la lettre*: Eh! c'est la lettre de reception! (*Il lit tout haut.*) "Messieurs, votre Petite pièce ..." petite pièce; elle est parbleu bien grande! ... "votre petite pièce pétille d'esprit et d'originalité; les caractères sont bien tracés, le dialogue est vif et naturel, les scènes abondent en intentions comiques; mais on a trouvé que le genre de l'ouvrage ne convient pas à notre théâtre. Je vous annonce donc à regret que la pièce a été refusée ...

DELMAR: Refusée!

RONDON: " A l'unanimité. Croyez bien, messieurs, que l'administation ... " Oui, les termes de consolation! C'est une horreur!

DELMAR: Tu disais qu'ils avaient ri.

RONDON: Mais à mes dépens, à ce qu'il paraît. C'est prendre les gens en traître. C'est une indignité.

DELMAR: Ils sont fiers, parce qu'ils ont la vogue.

RONDON: Ils ne l'auront pas longtemps, je me vengerai; et pour commencer, un bon article, bien juste ... (*Il se met à table, et écrit.*) "Les recettes du théâtre de madame commencent à baisser; son astre pâlit ...

DELMAR: Comment! tu vas ...

RONDON: Ecoute donc! je suis bon enfant; mais cela a des bornes: il ne faut pas non plus se laisser faire la loi. (*Il écrit, et répète à haute voix:*) "La négligence de l'administration, la révoltante partialité des directeurs, la nullité des membres du comité, le honteux monopole, le marivaudage, etc., etc., etc." Au lieu de prendre pour modèle les administrations voisines; celle de Feydeau, par exemple, si douce, si paternelle ...

DELMAR: Est-ce que tu veux porter notre pièce à l'Opéra-Comique?

RONDON: Sans doute.

DELMAR: On sonne.

RONDON: Feydeau est un théâtre royal, un théâtre estimable, ennemi des cabales.

DELMAR: Oui, si l'on nous reçoit.

JOHN, *annonçant*:   Madame de Melcourt.

SCENE VI
Les Précédents; MADAME DE MELCOURT

DELMAR: Qu'entends-je?   madame de Melcourt chez moi! quel bonheur inattendu!

MADAME DE MELCOURT, *étonnée*:   Monsieur Delmar! eh mais! monsieur, comment êtes-vous ici pour me recevoir? Je venais voir mon oncle, pour qui on a retenu un logement dans cette maison, et l'on m'a dit: "Montez au premier."

DELMAR: Je récompenserai mon portier; c'est un homme qui a d'heureuses idées.

MADAME DE MELCOURT: Et moi, je le gronderai. M'exposer à vous faire une visite! Que dira M. Rondon, qui est mauvaise langue?

RONDON: Oh! madame, je suis bon enfant.

DELMAR: N'allez-vous pas me reprocher un bonheur que je ne dois qu'au hasard? Monsieur votre oncle va arriver dans l'instant; j'ai promis au docteur Rémy de le recevoir.

MADAME DE MELCOURT: Le jeune Rémy! vous le connaissez? vous êtes bien heureux; c'est l'homme invisible: il m'était recommandé, mais jamais il ne s'est présenté chez moi, et cependant j'y prends le plus vif intérêt. J'ai reçu de ma jeune cousine une lettre si pressante! . . . Il faut absolument faire connaître ce jeune homme.

DELMAR: Il ne le veut pas.

MADAME DE MELCOURT: Comment! il ne le veut pas! il le faudra bien; nous lui donnerons de la vogue malgré lui, et sans qu'il s'en doute.

DELMAR: Ce serait admirable!

MADAME DE MELCOURT: Et pourquoi pas, si vous me secondez?

RONDON: Ce sera une conspiration.

MADAME DE MELCOURT:

> Air: Au temps heureux de la chevalerie.

> Oui, conspirons pour l'unir à sa belle.

DELMAR et RONDON: Nous sommes prêts.

MADAME DE MELCOURT: Marchons donc hardiment;
> Et si le sort nous était infidèle,
> (*Montrant son aigrette.*)
> Ralliez-vous à mon panache blanc.

DELMAR: Du Béarnais jadis c'était l'emblème.

MADAME DE MELCOURT: Avec raison je l'invoque en ces lieux:
> Notre entreprise est digne de lui-même,
> Nous conspirons pour faire des heureux.

> *Ensemble.*

> Notre entreprise est digne de lui-même,
> Nous conspirons pour faire des heureux.

MADAME DE MELCOURT: Il faut d'abord quelques articles de journaux.

DELMAR: Voici Rondon qui s'en chargera.

RONDON: Certainement; un médecin, ce n'est pas un confrère; moi, je suis bon enfant: donne-moi des notes. (*Il va s'asseoir à la table, et écrit.*) "Le docteur Rémy . . .

DELMAR: Auteur d'un ouvrage *sur le croup.*

RONDON, *écrivant*:   "Le docteur Rémy, le sauveur de l'enfance, l'espoir des mères de famille . . .

DELMAR: Il fait tous les soirs un petit cours de physiologie.

RONDON: Un petit cours! (*Ecrivant.*) "C'est aujourd'hui que le célèbre docteur Rémy termine son cours de physiologie. On commencera à sept heures précises. Les voitures prendront la file au coin de la rue Neuve-des-Mathurins, et sortiront par la rue Joubert."

DELMAR: Parfait! Dès qu'on promet de la foule, tout le monde y court. (*Il appelle.*) John! John! tu iras à la préfecture demander deux gendarmes.

JOHN: Oui, monsieur.

DELMAR: Gendarmes à cheval surtout! on les voit mieux, et cela attire de plus loin.

MADAME DE MELCOURT: Attendez donc: il y a une place vacante à l'Académie de médecine de Paris.

DELMAR: C'est ce que nous disions ce matin.

RONDON: Il faut qu'il l'ait.

MADAME DE MELCOURT: Il l'aura; c'est aujourd'hui que l'on prononce. On est incertain entre deux rivaux; de sorte qu'un troisième qui se présenterait pourrait tout concilier.

RONDON: Oui! mais encore faudrait-il faire quelques visites; et jamais ce monsieur ne s'y décidera.

DELMAR: Je les ferai pour lui, et sans qu'il le sache. J'irai voir le président, et je mettrai des cartes chez les autres.

MADAME DE MELCOURT: Moi, j'irai voir leurs femmes.
Air: Amis, voici la riante semaine.

Je tâcherai de séduire ces dames,
Qui séduiront leurs époux. C'est ainsi
Que l'on parvient, c'est toujours par les femmes:
Voilà comment j'ai placé mon mari.

RONDON: Nous courons tous.

MADAME DE MELCOURT: Grâce à nos promenades,
Notre docteur est dans le bon chemin,
Rien ne lui manque.

DELMAR: Excepté des malades,
Et le voilà tout à fait médecin!

MADAME DE MELCOURT: C'est vrai; il faut lui trouver
quelques malades riches, des malades de bonne compagnie ou
des petits malades de grande maison. Attendez! l'ambassadrice d'Espagne me demandait ce matin un médecin pour sa
femme de chambre. Ensuite, je connais une princesse
polonaise dont le singe s'est cassé la cuisse, la princesse
Jockoniska.

DELMAR: Cela suffit pour commencer. (*Il appelle.*)
John! John! Dès que le docteur Rémy sera rentré, et qu'il y
aura du monde ... (*Il lui parle bas.*) Tu m'entends, l'air
inquiet, effaré.

JOHN: Oui, monsieur.

MADAME DE MELCOURT: On monte l'escalier; je reconnais la voix de mon oncle, celle de sa fille; ce sont nos
voyageurs.

RONDON: Moi, je vais à l'imprimerie; je sors par la porte
dérobée.

MADAME DE MELCOURT: Ah! monsieur a deux sorties
à son appartement.

DELMAR: Les architects ont tout prévu.

RONDON: Sans doute, un garçon! et un auteur dramatique! ... Mais je n'en dis pas davantage, parce que je suis
bon enfant.

(Il sort par la porte à droite.)

SCENE VII
DELMAR, MADAME DE MELCOURT, M. GERMONT, SOPHIE

TOUS: Air du Valet de chambre.
Ah! quel plaisir (*bis*)
De s'embrasser après l'absence!
Ah! quel plaisir
De pouvoir tous se réunir!
(*Ils s'embrassent.*)

DELMAR, *les regardant*:   Les scènes de reconnaissance
Ont toujours l'art de m'attendir!

TOUS: Ah! quel plaisir!

GERMONT: Paris, Paris! j'en suis avide;
Que rien n'échappe à mes regards!

MADAME DE MELCOURT: C'est moi qui serai votre guide.

GERMONT: Tu sais que je tiens aux beaux-arts,
A la peinture, à la musique;
Mais j'aime avant tout, je m'en pique,
La littérature . . .

DELMAR: Bravo!
Nous vous mènerons voir Jocko.

TOUS: Ah! quel plaisir
De s'embrasser après l'absence!
Ah! quel plaisir
De pouvoir tous se réunir!

MADAME DE MELCOURT: Ah çà! mon oncle, vous
venez sans doute à Paris pour marier ma cousine?

GERMONT: Mais, oui, c'est mon intention.

MADAME DE MELCOURT: Elle sera vraimant charmante
quand elle aura un mari, et une robe de chez Victorine.
Victorine, ma chère, il n'y a qu'elle pour les robes; Nattier
pour les fleurs, Herbault pour les toques; c'est cher, mais c'est
distingué.

GERMONT: C'est bon, c'est bon; à demain les affaires

sérieuses. Occupons-nous de notre appartement; et, avant tout, montons chez ce cher Rémy: à quel étage demeure-t-il?

DELMAR, *bas à madame de Melcourt*: Décemment, je ne peux pas dire qu'il loge au quatrième. (*Haut.*) Monsieur, vous êtes chez lui.

MADAME DE MELCOURT: Y penzez-vous?

DELMAR, *bas*: Je partagerai avec lui: ce n'est pas la première fois.

GERMONT: Comment diable! au premier, dans la Chaussée-d'Antin!

DELMAR: Et l'appartement qui vous est réservé est ici en face, sur le même palier.

GERMONT: Et un mobilier charmant, d'une fraîcheur! d'une élégance! une bibliothèque! et des bustes!
Air: Il me faudra quitter l'empire.
J'aperçois là deux docteurs qu'on renomme;
C'est Hippocrate et Galien.

DELMAR, *bas à madame de Melcourt.*:
Oui, c'est Favart, c'est Piron . . . le brave homme!

GERMONT: Ah! tous les deux je les reconnais bien. (*Bis.*)
N'est-il pas vrai, c'étaient deux fortes têtes?
Deux grands docteurs . . .

DELMAR: C'étaient deux grands talents
(*à part.*)
Pour les couplets.

GERMONT: Ils ont l'air bons vivants!

DELMAR: Je le crois bien. Si j'avais leurs recettes,
Je serais sûr de vivre bien longtemps.

GERMONT, *à Delmar*: Monsieur est de la maison?

DELMAR: Je suis le propriétaire; et si ce n'étaient les services que M. Rémy m'a rendus, il y a longtemps que je lui aurais donné congé.

SOPHIE: Et pourquoi donc?

DELMAR: Pourquoi, mademoiselle? parce que je ne peux pas dormir, parce qu'on m'éveille toutes les nuits. La nuit dernière encore, deux équipages qui s'arrêtent à ma porte, et l'on frappe à coups redoublés. "N'est-ce pas ici le célèbre docteur Rémy? on le demande chez un riche financier qui a une indigestion, chez la femme d'un ministre destitué qui a des attaques de nerfs." C'est à n'y pas tenir. Je n'ose pas le renvoyer; mais à l'expiration du bail, je serai obligé de l'augmenter, je vous en préviens.

GERMONT: Qu'est-ce que vous me dites là? Ce pauvre Rémy a donc un peu de réputation?

DELMAR: Lui! il n'a pas un moment de repos, ni moi non plus.

SOPHIE: Ah! que je suis contente! vous voyez bien, mon père, j'étais sûre qu'il parviendrait.

GERMONT: Et où est-il en ce moment?

DELMAR: Dieu le sait! il est monté dans son cabriolet, et il court Paris.

GERMONT: Qu'entends-je! il a un cabriolet?

DELMAR: Air du Piège.

Eh oui monsieur; c'est bien juste en effet:
Tous les docteurs un peu célèbres
Ont au moins un cabriolet
Payé par les pompes funèbres.
On doit beaucoup à leur secours:
Pourrait-on, sans leur faire injure,
Les voir à pied, eux qui font tous les jours
Partir tant de gens en voiture.

GERMONT: Et vous, ma chère nièce, que dites-vous de tout cela?

MADAME DE MELCOURT: Qu'il y a beaucoup d'exagération.

GERMONT: Quoi! vous pensez que le docteur Rémy . . . ?

MADAME DE MELCOURT: Moi, je n'en dis rien, parce que je ne puis pas le souffrir. C'est un homme insupportable, qu'on ne trouve jamais: toutes les dames en sont folles, et je ne sais pas pourquoi.

SOPHIE, *à voix basse*:   Mais taisez-vous donc!

MADAME DE MELCOURT: Et pourquoi donc me taire! Je dis ce que je pense; il m'a enlevé mes spasmes nerveux, j'en conviens; car il guérit, c'est vrai, il guérit; il n'a que cela pour lui: il faut bien qu'il ait quelque chose.

DELMAR: Vous voilà! toujours injuste, exagérée quand vous n'aimez pas les gens.

MADAME DE MELCOURT: Et vous, toujours prêt à partager l'engouement général.

GERMONT: Mais, ma nièce . . . mais, monsieur . . .

MADAME DE MELCOURT: Vous verrez ce que deviendra votre docteur Rémy. Malgré tous ses succès, je ne lui donne pas dix ans de vogue.

DELMAR: Eh bien! par exemple!

SOPHIE: Fi! ma cousine; c'est indigne à vous!

SCENE VIII
Les Précédents; REMY

MADAME DE MELCOURT: Eh! tenez; voici encore quelqu'un qui vient le demander, et qui ne le trouvera pas.

DELMAR, *bas à madame de Melcourt*:   C'est lui-même.

MADAME DE MELCOURT, *à part*:   Ah! mon Dieu! ce que c'est que de ne pas connaître les personnes que l'on vante!

REMY: Enfin, vous voilà donc arrivés!

GERMONT: Ce cher Rémy! embrasse-moi donc.

REMY: Bonjour, monsieur; bonjour, mademoiselle; un si aimable accueil . . .

GERMONT: Ne doit pas t'étonner, toi qui partout es reçu et fêté; nous savons de tes nouvelles.

REMY: De mes nouvelles! et comment?

GERMONT: Parbleu! par la renommée.

REMY: Par la renommée? Je ne croyais pas qu'elle s'occupât de moi.

MADAME DE MELCOURT: Ah! quoique médecin, monsieur est modeste; voilà une qualité qui va nous raccommoder ensemble.

SOPHIE, *à Rémy*:   C'est madame de Melcourt, ma cousine et une de vos malades.

REMY: De mes malades! je ne pense pas avoir eu l'honneur . . .

MADAME DE MELCOURT: Qu'est-ce que je vous disais? c'est insupportable! Et nous allons de nouveau nous brouiller; il ne reconnaît même pas ceux à qui il a rendu la santé!

DELMAR: Parbleu! je le crois bien, sur la quantité! Mais, pardon, monsieur, avant de sortir, j'aurais un mot de consultation à demander au docteur sur des douleurs que j'éprouve.

REMY: Il serait vrai! qu'est-ce que c'est? Parle vite, mon cher Delmar.

DELMAR, *conduisant Rémy à l'extrémité du théâtre à gauche*:   Rien; mais j'ai une confidence à te faire. M. Germont a pris l'appartement en face, sur le même palier; je lui ai dit que tu demeurais ici avec moi.

REMY: Et pourquoi donc?

DELMAR: Belle question! pour que tu aies plus d'occasions de voir ta prétendue.

REMY: Je te remercie; quel bonheur! Mais quant à cette dame, elle se trompe, je ne la connais pas.

DELMAR: Qu'est-ce que cela te fait? ne va pas la contredire, ce n'est pas honnête.

MADAME DE MELCOURT, *bas à Germont*:   Ce jeune homme qui cause avec lui est M. Delmar, son propriétaire, un auteur très-distingué.

GERMONT: Comment! C'est M. Delmar, l'auteur? je logerais dans la maison d'un auteur! Tu sais bien, ma fille, cet opéra que nous avons vu à Montpellier . . . M. Delmar . . . les paroles de cet air que tu chantes si bien sur ton piano . . . M. Delmar . . .

MADAME DE MELCOURT: J'espère que vous vous rencontrerez chez moi avec monsieur, qui me fait souvent l'honneur d'y venir; c'est aussi un ami du docteur.

GERMONT: Je lui en fais compliment. Si je me fixais à Paris, je ne voudrais voir que des poëtes, des artistes, des gens célèbres. J'aimerais à paraître en public avec eux, parce que c'est agréable d'être remarqué, d'être suivi, d'entendre dire autour de soi: "C'est monsieur un tel, c'est sûr, le voilà; et quel est donc ce monsieur qui lui donne le bras? C'est M. Germont de Montpellier, son ami intime." C'est une manière de se faire connaître. Voilà pourquoi j'ai toujours voulu pour gendre un homme célèbre; il en rejaillit sur la famille et sur le beau-père une illustration . . . relative.

REMY: Je suis désolé, monsieur, de vous voir de pareilles idées, non pas qu'elles ne soient très-louables en elles-mêmes; mais malheureusement pour moi, mon peu de réputation . . .

SOPHIE: Que voulez-vous donc de plus?

DELMAR: Tu es bien difficile; après les ouvrages que tu as faits, après ton *Traité sur le croup.*

MADAME DE MELCOURT: C'est-à-dire que c'est une modestie qui ressemble beaucoup à de l'orgueil.

REMY, *à Delmar, qui lui fait des signes*:   Non, morbleu! je

ne veux point tromper un honnête homme; je veux qu'il
sache que j'ai peu de réputation, peu de clients.

SCENE IX
Les Précédents; JOHN

JOHN: Monsieur le docteur, on vous fait demander chez
l'ambassadeur d'Espagne.

REMY: Moi?

JOHN: Oui, vous, le docteur Rémy, et on vous prie de ne
pas perdre de temps, car madame l'ambassadrice est très-
inquiète.

GERMONT: L'ambassadrice!

SCENE X
Les Précédents; FRANÇOIS

FRANÇOIS: Monsieur le docteur, c'est de la part d'une
princesse polonaise, qui vous supplie de passer chez elle ce
matin.

REMY: A moi! une princesse polonaise?

FRANÇOIS: La princesse Jockoniska; elle vous attend en
consultation pour une personne de sa maison qui est
gravement indisposée.

REMY: Je vous jure que je ne les connais pas.

MADAME DE MELCOURT: C'est tous les jours de nou-
veaux clients.

DELMAR: Air de Marianne.

Voyez combien d'argent il gagne!
Il n'a pas un moment à lui!
C'est la Pologne et c'est l'Espagne;
Il soigne le Nord, le Midi.

GERMONT: Chez la princesse,
Chez son altesse,
Puisqu'on t'attend,
Allons, pars à l'instant.

REMY: Non; je l'atteste,
Ici je reste;
L'ambassadeur
Me fait par trop d'honneur.

GERMONT: Hé quoi! dans l'état qu'il exerce,
Refuser un pareil client!

DELMAR: C'est Hippocrate refusant
Les présents d'Artaxerce.

GERMONT: Et moi j'exige que vous partiez. Tantôt, à dîner, nous nous reverrons.

DELMAR, *lui donnant son chapeau*:   Voilà ton chapeau, le cabriolet est en bas, et le cheval est attelé.

REMY: Mais est-ce que je peux profiter . . . ?

DELMAR, *bas*:   Eh, oui! sans doute, tu reviendras plus vite.

REMY: A la bonne heure; mais il y a dans tout cela quelque chose que je ne comprends pas.

SCENE XI
Les Précédents, hors REMY

DELMAR: Il doit vous paraître fort original: mais il a une ambition telle qu'il croit toujours n'être rien.

GERMONT: Tant mieux, tant mieux! C'est ainsi qu'on arrive, et je vois maintenant que c'est là le gendre qu'il me faut . . .

SOPHIE: N'est-ce pas, mon père?

GERMONT: Oui: mais je me trouve dans un grand embarras, dont il faut que je vous fasse part.

MADAME DE MELCOURT: Ah! mon Dieu! qu'est-ce que c'est?

GERMONT: Ne me doutant pas de la réputation du docteur Rémy, j'avais renoncé à cette alliance; et ma fille sait que j'avais donné ma parole à un de mes amis qui demeure à Paris.

SOPHIE: Aussi, c'est bien malgré moi.

GERMONT: Que veux-tu! il m'avait proposé pour gendre un littérateur connu.

DELMAR: Il faut rompre avec lui.

GERMONT: Sans doute, mais cela demande des ménagements. Il faudrait le voir, lui parler. C'est un homme qui travaille pour le théâtre et pour les journaux.(A Delmar.) Et vous, qui fréquentez ces messieurs, si vous vouliez me donner quelques renseignements.

DELMAR, bas à madame de Melcourt: Comme si j'avais le temps! et nos visites à l'Académie?

GERMONT, fouillant dans sa poche: J'ai là son nom, et une note sur ses ouvrages.

SCENE XII
Les Précédents; RONDON

DELMAR: Mais, tenez, voici un de mes amis qui connaît tout le monde, et qui vous dira tout ce qu'il sait et tout ce qu'il ne sait pas; c'est un dictionnaire biographique ambulant. (*Bas à Rondon*) C'est le provincial que nous attendions, le beau-père du docteur; ainsi, soigne-le.

RONDON: Sois tranquille, tu sais que je suis bon enf . . .

DELMAR: Eh oui! c'est connu. Adieu, monsieur; je vais faire quelques courses.

MADAME DE MELCOURT: Et moi, je vais conduire Sophie dans votre nouvel appartement. Viens, ma chère, nous avons tant de choses à nous dire. Messieurs, nous vous laissons.

(Ils sortent.)

SCENE XIII
RONDON, M. GERMONT

GERMONT: Monsieur est un ami du jeune M. Delmar? un auteur sans doute?

RONDON: Oui, monsieur, connu par quelques succès agréables.

GERMONT: Oui, Monsieur, je cultive aussi les sciences et les arts, mais en amateur. J'ai composé un *Cours d'Agriculture*; et dans ma jeunesse je maniais le pinceau; j'ai fait un *Massacre des Innocents* qui, j'ose dire, était effrayant à voir.

RONDON: Monsieur, je m'en rapporte bien à vous; mais, que puis-je faire pour votre service?

GERMONT: Je ne sais comment reconnaître votre obligeance, monsieur; c'est sur un de vos confrères que je voudrais vous consulter. (*Regardant le papier qu'il tire de sa poche.*) Connaissez-vous un monsieur Rondon?

RONDON: Hein! qu'est-ce que c'est?

GERMONT: Un littérateur qui travaille à plusieurs ouvrages périodiques.

RONDON: Oui, monsieur, oui, je le connais beaucoup; je ne suis pas le seul.

GERMONT: Eh bien, monsieur, qu'est-ce que vous en pensez?

RONDON: Mais, monsieur, je dis que . . . (*A part.*) Quelque habitué qu'on soit à faire son éloge, on ne peut pas, comme cela de vive voix . . . si c'était imprimé, encore passe . . . (*Haut.*) Je dis, monsieur, que c'est un garçon à qui généralement l'on reconnait du mérite.

GERMONT: Tant mieux; mais est-ce un homme aimable, un bon enfant?

RONDON: Oh! pour cela, il s'en vante; mais oserai-je vous demander pourquoi toutes ces questions?

GERMONT: Je m'en vais vous le dire. Sans le connaître, je suis presque engagé avec lui. Un ami commun, M. Derbois . . .

RONDON: M. Derbois! je le connais beaucoup.

GERMONT: Un conseiller à la cour royale, M. Derbois, lui avait proposé ma fille en mariage.

RONDON, *à part*:   Quoi! c'était là le parti qu'il me destinait. A merveille. (*Haut.*) Eh bien, monsieur?

GERMONT: Eh bien! monsieur, je n'ose pas l'avouer à mon ami Derbois, qui a cette affaire très à cœur, mais je ne veux plus de M. Rondon pour gendre.

RONDON: Comment, monsieur?

GERMONT: Je cherche quelque moyen de le lui faire savoir avec politesse et avec égards. Si vous vouliez vous en charger?

RONDON: Je vous remercie de la commission.

GERMONT: Est-ce que vous croyez qu'il le prendra mal?

RONDON: Sans doute, car encore voudra-t-il savoir pour quelles raisons.

GERMONT: Oh! c'est trop juste; et je m'en vais vous le dire, c'est que j'ai préféré pour gendre le docteur Rémy.

RONDON, *à part*:   Qu'entends-je? notre jeune protégé!

c'est bien différent. (*Haut*) Rémy! qu'est-ce que c'est que
ça?

GERMONT: Le célèbre docteur Rémy! ce médecin si
connu dans Paris!

RONDON: Je ne le connais pas, et je vous dirai même que
jamais je n'en ai entendu parler.

GERMONT: Il serait possible! et ses malades? et ses
ouvrages?

RONDON: Pour des malades, il est possible qu'il en ait fait;
mais pour des ouvrages, je crois qu'excepté ses libraires
personne n'en a eu connaissance.

GERMONT: Air du partage de la richesse.

Qu'ai-je entendu? ma surprise est extrême!

RONDON: Mon témoignage est peut-être douteux:
Voyez, monsieur, interrogez vous-même.

GERMONT: Dans mes projets je suis bien malheureux;
Moi qui cherchais à donner à ma fille
Un nom fameux . . . Dès longtemps je voulais
Voir un génie au sein de ma famille:
Ah! c'en est fait . . . nous n'en aurons jamais.

SCENE XIV
Les Précédents; MADAME DE MELCOURT

MADAME DE MELCOURT: Mon oncle, mon oncle, je
quitte ma cousine, qui vient de me faire ses confidences.

GERMONT: Il suffit, ma nièce. Je ne croirai désormais
aucun rapport; je ne veux me fier qu'à moi-même, à mon
propre jugement; je vais chez mon ami Derbois, un conseiller,
un excellent homme qui est toujours malade, et qui toutes les
semaines change de médecin; ainsi il doit en avoir l'habitude,
il doit connaître les meilleurs; je lui parlerai du docteur
Rémy.

MADAME DE MELCOURT: Pourquoi me dites-vous cela?

GERMONT: Suffit, je m'entends. Je passerai après cela chez le libraires du Palais-Royal, et je verrai si, par hasard, l'édition entière ne serait pas dans leurs boutiques; car il ne faut pas croire que nous autres provinciaux . . .

MADAME DE MELCOURT: Voulez-vous que je vous accompagne? j'ai là ma voiture.

GERMONT: Du tout, je rentre chez moi, je vais m'habiller, je demanderai un fiacre, et nous verrons. Monsieur, enchanté d'avoir fait votre connaissance.

RONDON: Monsieur, je descends avec vous. (*A madame de Melcourt.*) Madame, j'ai bien l'honneur . . .

SCENE XV
MADAME DE MELCOURT, seule, puis DELMAR

MADAME DE MELCOURT: Nous voilà bien! toute la conspiration est découverte! C'est vous, Delmar.

DELMAR, *entrant par la porte à gauche*:   Je rentre par mon escalier dérobé: j'ai fait nos visites; j'ai vu beaucoup de monde, tout va vien, et je vous apporte de bonnes nouvelles.

MADAME DE MELCOURT: Eh moi, j'en ai de mauvaises. Sophie m'a tout raconté. Cet homme de lettres qu'on lui destinait pour mari n'est autre que votre ami Rondon.

DELMAR: Dieu! quelle faute nous avons faite en le mettant dans notre parti!

MADAME DE MELCOURT: Il n'en est déjà plus; il est passé à l'ennemi.

DELMAR: Eh bien! tant mieux, si vous me secondez.

Air du Julie.
J'étais jaloux au fond de l'âme

De le voir en tiers avec nous.
Je suis bien plus heureux, madame,
De ne conspirer qu'avec vous:
Ne craignez point qu'ici je vous trahisse;
Que n'avez-vous (c'est là mon seul souhait)
Un secret qui vous forcerait
A n'avoir que moi pour complice!

MADAME DE MELCOURT: Il ne s'agit pas de cela, monsieur, mais de mon oncle, à qui l'on a tout dit, et qui va lui-même courir aux informations chez M. Derbois, conseiller, qui connaît tous les médecins de Paris; il va partir dans l'instant, car il a même fait demander un fiacre.

DELMAR: Un fiacre! c'est bon; nous avons du temps à nous, vite l'Almanach des 25,000 adresses.

(Il l'ouvre.)

MADAME DE MELCOURT: De là, il doit aller au Palais-Royal, chez les libraires du docteur, pour demander le fameux *Traité du Croup*, et sa visite fera époque, car c'est peut-être le premier exemplaire qui se sera vendu de l'année.

DELMAR: Rassurez-vous, car l'on peut tout réparer. (*Appelant.*) John! François! toute la maison! (*Allant à son secrétaire.*)

MADAME DE MELCOURT: Eh bien! que faites-vous donc?

DELMAR: Air: L'amour qu'Edmond a su me taire.

Dans notre sagesse ordinaire,
Notre budget tantôt fut arrête;
Et voilà, dans mon secrétaire,
Trois mille francs que j'ai mis de côté.

MADAME DE MELCOURT: Chez un auteur, mille écus! quel prodige!

DELMAR: Pour mes plaisirs je les avais laissés;
Ils vont sauver un ami que j'oblige;
Selon mes voeux les violà dépensés.
(*A John et à François, qui entrent.*)
Approchez, vous autres, et écoutez bien. Il me faut du

monde, des amis dévoues, et il m'en faut beaucoup; enfin, comme s'il s'agissait d'une première représentation.

JOHN: Je comprends, monsieur, on fera comme la dernière fois.

DELMAR: C'est bien, ce sera enlevé! quatre de vos gens iront à dix minutes de distance chez M. Derbois, conseiller, rue du Harlay; ils monteront, ils sonneront fort; ils demanderont si on n'a pas vu M. le docteur Rémy. Ils ajouteront qu'on le cherche dans tout le quartier, qu'il doit y être, qu'il faut qu'on le trouve, attendu qu'il est demandé par un ministre, par un prince et par un banquier.

JOIIN: Oui, monsieur.

DELMAR: Pendant ce temps, les autres courront les galeries du Palais-Royal, entreront chez tous les libraires, et achèteront tous les exemplaires qu'ils pourront trouver d'un *Traité sur le Croup, par le docteur Rémy.* Comprends-tu bien?

JOHN: Oui, monsieur.

DELMAR: Surtout, ne va pas te tromper et en acheter un autre! quelque confrère dont on enlèverait l'édition!

JOHN: Soyez tranquille.

DELMAR: Tous les exemplaires, à quelque prix que ce soit; quand les derniers devraient coûter vingt francs! Tenez, prenez, voilà de l'argent, et s'il en faut encore, n'épargnez rien.

JOHN: Monsieur sera content.

DELMAR: Ce gaillard-là a de l'intelligence. Il faudra que je le pousse au théâtre. Partez.
                    (*John et François sortent.*)

MADAME DE MELCOURT: Moi, je vais porter les derniers coups. Tout ce que je crains maintenant, ce sont les articles de Rondon.

DELMAR: Ne craignez rien, c'est lui, je l'entends; je vais parer ce dernier coup, car je connais son côté faible.

(*Madame Melcourt sort.*)

SCENE XVI
DELMAR, RONDON

RONDON: J'avais fait pour le docteur un article d'amitié,
mais la justice doit reprendre ses droits; et dans celui-ci, je l'ai
traité en conscience.

DELMAR: Ah! te voilà, Rondon? as-tu envoyé l'article de
ce matin sur l'ouvrage du docteur Rémy?

RONDON: Oui, oui, il était même imprimé; et dans un
quart d'heure, il va paraître, si je ne fais rien dire. Mais j'ai
prié qu'on attendît, parce que je veux en envoyer un autre,
que je viens de composer dans ton cabinet.

DELMAR: Un second! c'est trop beau, et je t'en remercie.
Mais tu as bien fait, et, sans t'en douter, tu te seras rendu
service à toi-même.

RONDON: Que veux-tu dire?

DELMAR: Le journal où tu travailles vient d'être acheté
secrètement par M. de Melcourt, l'académicien.

RONDON: Secrètement?

DELMAR: Sans doute, à cause de sa dignité. Madame de
Melcourt, enchantée de la complaisance, de la bonne grâce
que tu as mise à la seconder, te fera d'abord conserver ta
place, qui est, je crois, de cinq à six mille francs?

RONDON: C'est vrai.

DELMAR: Elle peut encore, par la suite, te faire augmenter; tandis que, si tu avais refusé de la servir, si tu y avais
mis de la mauvaise volonté ... Tu sais ce que peut le
ressentiment d'une femme.

RONDON, *ployant et déchirant son article:* Oui, sans doute; mais ce que j'en fais dans cette occasion, c'est plutôt pour toi que pour elle, car, s'il faut le parler à cœur ouvert, j'ai découvert que ce docteur était mon rival.

DELMAR: Vraiment?

RONDON: Il vient m'enlever un très-beau mariage; et la délicatesse ne m'oblige pas à le servir. Je laisse aujourd'hui le premier article comme il est, parce qu'il est imprimé, et qu'il ne faut pas se brouiller avec le propriétaire de son journal; mais j'en resterai là, je serai neutre.

DELMAR: On ne t'en demande pas davantage; et pourvu que tu ne dises rien au beau-père, et que tu le laisses choisir entre vous deux . . .

RONDON: Non pas, non pas, j'ai déjà parlé; j'en conviens franchement, parce que je suis bon enfant: j'ai dit du mal, mais de vive voix.

DELMAR: Il se pourrait! Ah! tant mieux! sa réputation est faite. Il ne lui manquait plus que cela; il ne lui manquait plus que des ennemis, et j'allais lui en chercher: mais te voilà.

RONDON: Dame! on me trouve toujours dans ces occasions-là, et puis cela te fait plaisir, tu peux être tranquille; mais nous allons voir comment il se tirera des informations que le beau-père a été prendre sur lui.

DELMAR: Tiens, justement, les voilà de retour.

SCENE XVII
Les Précédents; M. GERMONT, REMY

GERMONT, *tenant Rémy embrassé*:   Mon cher Rémy, mon gendre! Je te trouve au moment où tu descendais de ta voiture, et je ne te quitte plus; il faut que je te demande pardon des soupçons que j'ai osé concevoir.

REMY: A moi! des excuses!

GERMONT: ʹOui, sans doute: je viens de chez M. Derbois, un conseiller à la cour, rue de Harlay, un de mes vieux amis, qui est toujours malade et entouré de médecins.

REMY: Je ne le connais pas.

GERMONT: Oui, mais lui te connaît. Depuis ce matin il n'entend parler que de toi dans son quartier; on est même venu chez lui trois ou quatre fois, et, comme il est mécontent de son docteur, il le quitte, et c'est toi qu'il choisit; il te supplie, dès demain, de vouloir bien lui donner tes soins, si tes occupations te le permettent.

REMY: Comment donc? et avec plaisir.

GERMONT: Encore un client.

DELMAR, *à part*: Encore un compère; mais celui-là est de bonne foi, et ce sont les meilleurs.

GERMONT: De là, je suis passé au Palais-Royal; j'ai demandé ton *Traité sur le Croup.*

REMY, *à part*: Ah! mon Dieu!

RONDON, *de même*: Je respire.

DELMAR: Eh bien! monsieur?

GERMONT: Impossible d'en trouver un exemplaire!

RONDON: Cela n'est pas croyable!

REMY: Vous vous êtes mal adressé.

GERMONT: Je me suis adressé à tout le monde, et tous les libraires du Palais-Royal m'ont assuré qu'excepté la Campagne de Moscou de M. de Ségur, et les brochures de M. de Stendhal, il n'y avait pas un exemple d'une vogue pareille; c'était une rage, une furie; on s'arrachait les exemplaires; aujourd'hui surtout, il paraît que la vente a pris un élan . . .

DELMAR: Et vous n'avez pas pu vous procurer . . .

GERMONT: Si, vraiment; un seul, et le voilà; c'est, je crois, le dernier; et je l'ai payé quarante francs.

REMY: Au lieu de deux francs?

GERMONT: Oui, mon ami; et encore le libraire ne voulait pas me le donner. Mais c'est l'ouvrage de mon gendre, lui ai-je dit; je veux l'avoir, je l'aurai, dût-il m'en coûter cent écus. Votre gendre! m'a-t-il répondu en ôtant son chapeau. Vous êtes le beau-père du docteur Rémy? Monsieur, dites-lui de ma part que s'il veut dix mille francs de la seconde édition, je les ai à son service.

REMY: Il se pourrait!

DELMAR, *à part*:   Encore des compères.

RONDON: C'est ça, voilà comme ils sont à Paris! maintenant qu'il est lancé, je voudrais l'arrêter, que je ne pourrais pas!

SCENE XVIII
Les Précédents; SOPHIE

SOPHIE: Mon père! mon père! voilà des voitures, des gendarmes!

GERMONT: Des voitures! des gendarmes!

DELMAR: Oui, ils arrivent pour son *cours de physiologie*, qu'il termine aujourd'hui!

GERMONT: Nous y assisterons tous! un cours de physiologie, c'est très amusant.

SOPHIE: Et puis, voici les journaux du soir; ils viennent d'arriver; il y a un article superbe sur M. Rémy. Tenez, lisez plutôt. On y dit en toutes lettres qu'il y a une place vacante à l'Académie de médecine, et que s'il y avait une justice, c'est lui qui devrait être nommé.

REMY: Vraiment!

GERMONT, *qui a regardé le journal*:   C'est ma foi vrai, c'est imprimé.

RONDON: Il ne manquait plus que cela pour leur tourner la tête.

GERMONT: Ah! mon Dieu! ma fille! mes enfants! il est question de moi.

DELMAR, *prenant le journal*: Ce n'est pas possible!

RONDON, *bas*: Si vraiment, j'avais soigné le beau-père.

DELMAR, *lisant le journal en regardant Germont*: "Un peintre célèbre, l'honneur de la province, vient d'arriver à Paris; c'est M. Germont, auteur du fameux tableau du *Massacre des Innocents*. On dit qu'il s'est enfin déterminé à publier son *Cours d'Agriculture*, si impatiemment attendu par les savants."

GERMONT: Je commence donc à percer?

DELMAR: C'est à votre gendre que vous devez cela. Tout ce qui tient à un homme célèbre acquiert de la célébrité.

GERMONT, *à Rondon*: Eh bien, monsieur! vous qui prétendiez que Rémy n'avait ni talent ni réputation, que dites-vous de cet article-là, de cet article où on lui donne de si grands éloges?

RONDON, *avec noblesse*: Je dis, monsieur, que l'article est de moi.

GERMONT et REMY: Il se pourrait!

RONDON: Je suis Rondon, homme de lettres, celui qu'on vous avait proposé pour gendre. Comme rival, je n'étais point obligé de dire du bien de monsieur; mais comme juge, je devais la vérité, et je l'ai dite.

DELMAR, *à part*: C'est bien, cela! charlatanisme de générosité.

REMY, *allant à Rondon*: Monsieur, je n'oublierai jamais un trait aussi généreux; vous êtes un homme d'honneur, vous êtes un galant homme.

RONDON: Monsieur, je suis un bon enfant, et voilà tout.

SCENE XIX
Les Précédents; MADAME DE MELCOURT

MADAME DE MELCOURT: Mes amis, mon cher Rémy, recevez mes compliments, j'étais chez la femme du vice-président à attendre le résultat de l'élection académique: vous êtes nommé.

TOUS: Il serait vrai!

REMY: Je ne peux pas en revenir; car enfin je ne m'étais pas mis sur les rangs; je n'avais pas même fait de visites. Eh bien, mes amis, que vous disais-je ce matin? Vous voyez bien que, sans intrigues, sans cabale, sans charlatanisme, on finit toujours par arriver.

DELMAR: Oui, tu as raison. (*A part.*) Mes chevaux sont en nage. (*S'essuyant le front.*) Et moi, je n'en puis plus.

SCENE XX
Les Précedents; JOHN, avec un gros ballot sur les épaules.

JOHN: Monsieur, nous sommes sur les dents; il y a encore deux ballots comme ceux-là en bas: c'est toute l'édition.

DELMAR: Veux-tu bien te taire!

JOHN: Il n'y manque qu'un seul exemplaire, qui a été enlevé.

DELMAR: C'est bon; porte la première édition dans ma chambre: (*à part*) cela servira pour la seconde.

REMY: Que veux-tu dire? et quels sont ces livres?

DELMAR: Tu le sauras plus tard; jouis de ton triomphe, tu le peux sans rougir, car cette fois du moins la vogue a rencontré le mérite; mais disons, en l'honneur de la morale, que les réputations qui se font en vingt-quatre heures se détruisent de même; et que si le hasard ou l'amitié commence les renommées, c'est le talent seul qui les soutient et qui les consolide.

VAUDEVILLE
Air du vaudeville du Ménage de garçon.

GERMONT: Lorsque l'on vante à tout propos
Les savants et leur modestie,
La conscience des journaux,
Les travaux de l'Académie,
Les nymphes du Panorama,
Les beaux effets du magnétisme,
La clémence du grand pacha,
La morale de l'Opéra,
Encore du *charlatanisme.*

RONDON: Des noces j'observe parfois
Les brillantes cérémonies,
Et je me dis, lorsque je vois
L'air content des bonnes amies,
Des parents le ton doctoral,
Et du maire le pédantisme,
De l'époux l'air sentimental,
Et . . . jusqu'au bouquet virginal:
Encore du *charlatanisme.*

REMY: Celui qui fait l'indépendant,
Et qui par d'autres sollicite,
Et celui qui fait l'important
Pour que l'on croie à son mérite;
Et de ces gros banquiers, nos amis,
Qui, grâce à leur patriotisme,
A nos frais se sont enrichis,
En criant:"C'est pour mon pays! "
Encore du *charlatanisme.*

GERMONT: Pour se déguiser à grands frais,
Comme à Paris chacun travaille!
Ces chapeaux qui cachent les traits,
Ces blouses qui cachent la taille!
Et ces corsets si séduisants,

Qui feraient croire à l'optimisme!
Et ces pantalons complaisants,
Si favorables aux absents,
Encore du *charlatanisme*.

DELMAR: Traînant les amours sur ses pas,
Riche d'attraits et de jeunesse,
Cette mère tient dans ses bras
Son jeune fils qu'elle caresse;
Et regardant sur un sofa
Son vieil époux à rhumatisme,
Elle dit: "Vois cet enfant-là,
Comme il ressemble à son papa!"
Encore du *charlatanisme*.

MADAME DE MELCOURT, *au public*:
Quand une pièce va finir,
Les auteurs viennent, d'ordinaire,
Dire: "Daignez nous applaudir."
Nous, messieurs, c'est tout le contraire:
Nous venons, mais pour signaler
La pièce à votre rigorisme;
Nous vous prions même d'aller
Cent fois de suite la siffler . . .
Est-ce là du *charlatanisme?* "

Rideau

LE POST-SCRIPTUM
(1869)
by Emile Augier

EMILE AUGIER (1820-1889)

Social awareness, domestic dramas à la Scribe, *but increases realism, questions bourgeois materialism, extends Scribe's anti-Romanticism (e.g. Augier's play* Le Mariage d'Olympe *(1855) depicted an unrepentant courtesan, where the famous Dumas Fils play* La Dame aux camélias, *seen three years previously, had portrayed heroine as a whore with a heart of gold). Like Scribe, middle-class values, especially home and family, but, some forty years later, with less plot engineering.*

PERSONNAGES

Artistes qui ont créé les rôles.

M. DE LANCY   M. Bressant
MADAME DE VERLIERE   Madame Arnould-Plessy

La scène est à Paris, de nos jours.

Un boudoir élégant—Deux portes au fond, dans des pans coupés.
A droite, une cheminée—Au milieu, une table.

SCENE PREMIERE

MADAME DE VERLIERE, *en robe de chambre, les cheveux poudrés. Elle est assise dans une bergère, au coin de la cheminée, coupant les feuillets d'un livre.* M. DE LANCY *entre par la porte de droite.*

LANCY, *sur la porte:* Pardon, chère voisine, c'est moi. Ne grondez pas votre cameriste, elle m'a déclaré de son mieux que vous n'y étiez pour personne; mais je lui ai fait observer qu'un propriétaire n'est pas quelqu'un: ce raisonnement l'a subjuguée. Maintenant, faut-il que je m'en retourne?

MADAME DE VERLIERE: Vous êtes bien heureux que ce soit vous!

LANCY: Ce livre est donc bien intéressant?

MADAME DE VERLIERE: Je n'en sais rien: je le coupe. Puisque vous voilà, mon cher Lancy, vous m'aiderez à attendre; car j'attends.

LANCY, *remarquant qu'elle a les cheveux poudrés:* Qui? le carnaval?

MADAME DE VERLIERE: O mon Dieu, non. Je ne serais pas poudrée de si bonne heure pour le bal, je vous prie de le croire.

LANCY: Alors?

MADAME DE VERLIERE: Quel est donc ce mystère, n'est-ce pas? Je ne veux pas avoir de secrets pour vous: on m'a mis ce matin de l'eau athénienne, et on m'a poudrée pour sécher mes cheveux. Etes-vous satisfait? A propos, je vous remercie de votre bourriche. Vous êtes le roi des chasseurs et le modèle des propriétaires.

LANCY: Va pour le premier compliment; mais le second tombe mal.

MADAME DE VERLIERE: Vous m'inquiétez. Voudriez-vous m'augmenter, par hasard?

LANCY: Pis que cela. Je viens vous signifier congé.

MADAME DE VERLIERE: Est-ce une plaisanterie?

LANCY: Hélas! l'homme du monde ne se fût pas permis de forcer votre consigne; tant d'audace n'appartenait qu'à l'homme d'affaires.

MADAME DE VERLIERE: Et l'homme d'affaires ne pouvait-il pas attendre jusqu'à demain?

LANCY: Impossible. D'après notre contrat, nous devons nous prévenir mutuellement six mois d'avance; or le terme fatal expire aujourd'hui, et, demain, vous entreriez de plein droit dans la seconde période de votre bail, ce qui me contrarierait prodigieusement.

MADAME DE VERLIERE: Voilà parler en franc chasseur.

LANCY: En homme des bois, si vous voulez.

MADAME DE VERLIERE: Vous n'y allez pas par quatre chemins.

LANCY: Peut-être.

MADAME DE VERLIERE: Le *peut-être* est joli—Et peut-on savoir ce qui vous oblige à me congédier? Car vous avez une raison, je suppose.

LANCY: Excellente; avez-vous le temps de m'écouter?

MADAME DE VERLIERE: Je l'aurai, quand je devrais le prendre; j'avoue qu'il me sera agréable de vous trouver une bonne excuse, car je serais fâchée de vous rayer de mes papiers.

LANCY: C'est tout un récit, je vous en préviens.

MADAME DE VERLIERE: Faites-m'en toujours le plus que vous pourrez, quitte à remettre la suite à demain, si l'on nous interrompt.

LANCY, *s'asseyant près de la table*:   Je commence. Orphelin à vingt-quatre ans . . .

MADAME DE VERLIERE: Ah! ah! votre biographie? Pourquoi sautez-vous pardessus votre enfance?

LANCY: Parbleu! si vous y tenez, je reprendrai les choses de plus haut encore. *ab ovo,* comme Tristram Shandy . . . d'autant mieux qu'il y a dans ma nativité, comme dans la sienne, une histoire de pendule.

MADAME DE VERLIERE: Merci bien, alors.

LANCY: N'ayez pas peur. Ma mère m'a souvent raconté qu'elle avait dans sa chambre une ancienne horloge à carillon et qu'au moment où je vins au monde l'horloge me souhaita la bienvenue en carillonnant joyeusement midi, ce qui parut d'heureux augure à toute l'assistance. Et de fait, j'ai gardé de ma naissance un fonds de bonne humeur dont la vie n'a pas encore pu triompher. Il est vrai que j'ai une santé athlétique, mauvaise disposition pour la mélancolie.

MADAME DE VERLIERE: Mais excellente pour l'egoïsme; prenez garde.

LANCY: Ne croyez donc pas çela. Il n'y a de vraiment bons que les gens bien portants. Egoïste comme un malade . . . Vous devez en savoir quelque chose, vous qui avez si bien soigné feu votre mari.

MADAME DE VERLIERE: Hélas! c'est vrai.

LANCY: A vingt-quatre ans, donc, maître d'une belle fortune et porteur d'un nom honorable . . .

MADAME DE VERLIERE: Vous vous empressiez d'écorner l'une . . .

LANCY: Et de compromettre l'autre? Que nenni! La passion de la chasse m'a préservé des passions ruîneuses; j'ai toujours eu horreur des cartes, et, sans me donner pour un héros ausse chaste à beaucoup près que le farouche Hippolyte, je puis me vanter . .

MADAME DE VERLIERE: Pas de détails, je vous en conjure.

LANCY: Le strict nécessaire. – Je puis me vanter d'avoir passé ma vie à la poursuite de la femme honnête. Je l'ai d'abord cherchée, comme tous les débutants, dans le camp des irrégulières, et j'ai payé un large tribut à la manie de la rédemption. Mais, après avoir racheté pour quelque cent mille francs d'anges déchus, je me suis aperçu que les vierges folles sont encore moins folles que vierges, si c'est possible, et que le racheteur n'est pour elles qu'un acheteur plus naïf.

MADAME DE VERLIERE: C'est plein d'intérêt . . . Continuez.

LANCY: Désenchanté de ces aimables commerçantes, je transportai mes investigations dans le monde régulier. Ah! madame, pour un échappé des amours vénales, quelle ivresse dans la possession d'un cœur qui se donne en immolant tous ses devoirs! Le malheur, c'est que je finissais toujours par m'attacher au mari, le trouvant incomparablement plus honnête que la femme, et je reconnaissais alors qu'il n'y a pas un abîme entre celles qui nous trompent pour un autre et celles qui trompent un autre pour nous . . . Sans compter que ces fameux devoirs dont on fait sonner si haut le sacrifice sont la plupart du temps des victimes parfaitement habituées à l'autel. – Je ne vous ennuie pas trop?

MADAME DE VERLIERE: Jamais trop, mon ami.

LANCY: Mais assez. J'abrége donc. Le résultat de mes expériences fut cette vérité oubliée par M. de La Palisse, que la seule chance qu'on ait de posséder une honnête femme, c'est de l'epouser soi-même. – Malheureusement, j'avais passé l'âge où l'on se marie les yeux fermés; il ne me restait plus que le mariage de raison . . . et c'est fièrement difficile, allez, de rencontrer une femme qu'on ait raison d'épouser. Mais à la fin je crois avoir trouvé mon lot.

MADAME DE VERLIERE: Ah! tant mieux!

LANCY: Un moment! je ne suis pas encore agréé.

MADAME DE VERLIERE: Vous le serez, mon ami; il est impossible que vous ne le soyez pas, car vous êtes un homme charmant, malgré ce vilain procédé ... que nous perdons un peu de vue.

LANCY: Au contraire, nous y arrivons. Comme garçon, je pouvais me contenter de mon entresol; en montant d'un grade, il faut aussi que je monte d'un étage.

MADAME DE VERLIERE: Je comprends, c'est madame de Lancy que vous voulez installer dans mon appartement.

LANCY, *se levant:* Vous l'avez dit.

MADAME DE VERLIERE: Je vous pardonne en faveur du motif, quoiqu'il soit bien pénible de déménager. Je suis bête d'habitude; je me plaisais beaucoup ici, je l'avoue.

LANCY, *appuyé au dossier du fauteuil de madame de Verlière:* Qu'à cela ne tienne, restez.

MADAME DE VERLIERE: Et madame de Lancy?

LANCY: Elle s'y prêtera volontiers, pourvu ...

MADAME DE VERLIERE: Pourvu?

LANCY: Pourvu que vous changiez de nom.

MADAME DE VERLIERE: Comment l'entendez-vous?

LANCY: En cessant de vous appeler madame de Verlière pour vous appeler madame ...

MADAME DE VERLIERE: De Lancy? Je crois, Dieu me pardonne, que vous m'intentez une demande en mariage!

LANCY: Franchement, je le crois aussi.

MADAME DE VERLIERE, *se levant:* Et par quels détours, juste ciel!

LANCY: Quand vous me reprochiez de ne pas prendre par quatre chemins!

MADAME DE VERLIERE, *debout devant la cheminée*: Je vous faisais tort de trois. — Ainsi, c'est moi qui ai l'insigne honneur de vous représenter le mariage de raison? Savez-vous que vous n'êtes pas poli?

LANCY: Permettez; il s'agit de s'entendre sur les mots. Ce que le monde appelle un mariage de raison c'est-à-dire un mariage où le cœur n'est pas plus consulté que les yeux, où l'on prend une femme dont le plus souvent on ne voudrait pas pour maîtresse, et dont on ne subit la possession qu'à condition qu'elle sera éternelle, je l'appelle, moi, un mariage d'aliéné.

MADAME DE VERLIERE: A la bonne heure; mais votre phrase avait besoin de commentaire. — Vous êtes un fier original.

LANCY: En quoi donc?

MADAME DE VERLIERE: D'abord en tout, et puis en votre façon de faire votre cour.

LANCY: Qu'en savez-vous? Je ne vous l'ai jamais faite.

MADAME DE VERLIERE: Première originalité; mais, aujourd'hui même que vous demandez si singulièrement ma main, j'ai toutes les peines du monde à voir en vous un soupirant.

LANCY: Parce que je ne soupire pas de mon naturel; donnez-moi une bonne raison de soupirer, et je m'en acquitterai tout comme un autre.

MADAME DE VERLIERE: Mais êtes-vous bien sûr que vous m'aimez?

LANCY: Sûr comme de mon existence.

MADAME DE VERLIERE: Voilà un amour dont je ne me doutais guère.

LANCY: Et moi, donc! Il n'y a pas un mois qu'on m'aurait bien étonné en me l'annonçant.

MADAME DE VERLIERE: Comment cela vous est-il venu? Car je ne suis pas coquette.

LANCY: Non, certes! — C'est cette cheminée qui est cause de tout le mal, si mal il y a.

MADAME DE VERLIERE: Vraiment?

LANCY: Je ne vous connaissais que de vue, ce qui est déjà quelque chose, mais je risquais fort de ne pas vous connaître davantage; car votre deuil m'eût fermé votre porte comme à tout le monde, si cette brave cheminée ne me l'eût ouverte en fumant.

MADAME DE VERLIERE: Elle fume encore par le vent d'est, je vous en préviens.

LANCY: J'en prends note. A partir de ce jour, je ne rêvai plus que réparations . . . rêve étrange chez un propriétaire et dont la bizarrerie aurait dû m'éclairer sur la pente où je glissais! Bref, de fil en aiguille et de fumiste en serrurier, je me trouvai un beau jour installé dans votre intimité charmante, respectueusement ému de la simplicité de votre chagrin, pénétré du parfum de loyauté qu'on respire autour de vous, et persuadé que je me livrais innocemment à la douceur de l'amitié la plus désintéressée. Comment et quand cette amitié s'est-elle changée en un sentiment plus vif? Je ne saurais le dire et je serais peut-être encore à m'apercevoir de la métamorphose si on ne m'avait proposé la semaine dernière un parti des plus sortables. Tout s'y trouvait; pas une objection à faire; ajoutez de ma part la résolution d'en finir avec le célibat: je devais accepter tout de suite. Mais à je ne sais quelle révolte de mon cœur j'ai senti que ce cœur vous appartenait tout entier, et voilà huit jours que je tourne autour d'une déclaration avec une timidité digne d'un âge plus tendre. Enfin, l'opération est faite, et je vous prie de croire que je n'en suis pas fâché.

MADAME DE VERLIERE, *remontant derrière la table*: Mon pauvre ami! j'ai pour vous une véritable affection; vous êtes le plus galant homme que je connaissse.

LANCY: Mauvais début.

MADAME DE VERLIERE: J'ai été dupe de votre amitié comme vous-même, et j'ai la conscience de n'avoir rien fait pour encourager des sentiments dont il ne peut vous revenir que de l'ennui.

LANCY, *passant à gauche*:   Je ne vous plais pas . . . je m'en doutais! J'aurais mieux fait de me taire. Enfin prenez que je n'ai rien dit, et gardez-moi ma place au coin de cette cheminée . . . qui fume.

MADAME DE VERLIERE: Vous y serez le bienvenu tant que vous consentirez à l'occuper.

LANCY: Toujours, alors!

MADAME DE VERLIERE: Même si je me remariais?

LANCY: Ah! non, non certes! . . . mais vous n'y songez pas, je suppose?

MADAME DE VERLIERE: Et si j'y songeais?

LANCY: Ne me dites pas cela.

MADAME DE VERLIERE: Il faut pourtant bien que vous le sachiez un jour ou l'autre.

LANCY: Est-ce que vraiment . . . ? Mais non! ce n'est pas possible! Je n'ai rien vu chez vous qui ressemble à un prétendant.

MADAME DE VERLIERE: Chez moi, non; mais ne vous ai-je pas dit que j'attendais quelqu'un aujourd'hui?

LANCY: Je tombe bien! . . . Ah! j'étais préparé à tout, excepté à cela.

MADAME DE VERLIERE: N'ayez pas cet air désespéré. Vous avez de mon cœur tout ce qu'il en restait à prendre, je vous le jure, et je n'aurais pas grande objection à votre demande si je n'aimais personne. Puis-je vous dire mieux?

LANCY: A quoi bon ce baume sur mon amour-propre? Ce n'est pas lui qui en a besoin. J'aimerais cent fois mieux vous déplaire carrément et que personne ne vous plût. Ah! vous auriez bien pu garder votre secret! Si vous croyez me consoler! . . .

MADAME DE VERLIERE: Non, je crois vous guérir. En pareille matière, il n'est rien de tel que de trancher dans le vif.

LANCY: Me guérir? mensonge de médecin alors? Suis-je simple! j'aurais dû le deviner rien qu'à votre coiffure.

MADAME DE VERLIERE: Mais je vous certifie . . .

LANCY: Que vous attendez un absent bien-aimé? Et vous auriez choisi précisément le jour de son arrivée pour vous enfariner les cheveux?

MADAME DE VERLIERE: Permettez-moi de vous raconter à mon tour une petite histoire.
          Elle s'assied à droite de la table.

LANCY, *s'asseyant à gauche*:   Deux maintenant si vous voulez. Vous pouvez vous vanter de m'avoir fait une belle peur.

MADAME DE VERLIERE: Vous connaissez madame de Valincourt?

LANCY: Son mari est de mes bons amis.

MADAME DE VERLIERE: Après trois ans de mariage, vous le savez, cette charmante petite femme eut une fièvre typhoïde dont elle sortit avec des cheveux blancs.

LANCY: Eh bien?

MADAME DE VERLIERE: Son mari l'adorait. Tant qu'elle fut en danger, c'était un désespoir à croire qu'il ne lui survivrait pas. Elle revient à la vie par miracle . . .

LANCY: Ses cheveux blanchissent . . .

MADAME DE VERLIERE: Ses cheveux blanchissent, et depuis monsieur passe toutes ses nuits au cercle. Qu'en dites-vous?

LANCY: Dame!

MADAME DE VERLIERE, *se levant sur place*:   Comment, *dame?* Vous l'excusez?

LANCY, *riant*:   Jusqu'à un certain point. Voilà un brave garçon qui dispute au trépas une brune adorable; on lui rend une Eurydice poivre et sel! . . . Il y a évidemment substitution de personne, c'est la seule cause de nullité que reconnaisse le Code; ne soyons pas plus sévères que lui.

MADAME DE VERLIERE, *à la cheminée*:   Comme vous êtes tous les mêmes! Soyez donc bonne, intelligente et sincère; évertuez-vous à vous rendre digne de votre maître futur; préparez-lui une compagne dévouée, un gardien fidèle de son honneur; pauvres sottes! Ce n'est rien de tout cela qui le touche; c'est la nuance de vos cheveux ou la courbe de votre nez. Devenez coquettes, frivoles, égoïstes, son amour n'en diminuera pas, au contraire; mais gardez-vous d'un cheveu blanc ou d'un grain de petite vérole, car tout votre bonheur s'écroulerait et votre mari vous dirait tranquillement: "J'en suis bien fâché; il y a substitution de personne . . . " Et vous, que j'avais la naïveté de plaindre tout à l'heure! . . .

LANCY: Permettez . . . il n'est pas question de moi dans tout cela, mais de Valincourt.

MADAME DE VERLIERE, *revenant à la table*:   Que vous excusez, que vous approuvez, que vous imiteriez le cas échéant. Ayez au moins le courage de votre opinion.

LANCY: Tâchons de nous entendre: à qui faites-vous le procès, à Valincourt ou à moi?

MADAME DE VERLIERE: A vous, à lui, à votre sexe tout entier, à cette humiliante façon d'aimer qui nous met au rang des animaux de luxe, un peu avant les chiens de race et les chevaux de sang; est-ce clair?
Elle retourne s'asseoir dans la bergère, près de la cheminée.

LANCY, *se levant*:   Très clair. Toute femme qui se pique de délicatesse s'indigne d'être aimée pour sa beauté; elle ne veut l'être que pour son âme, c'est connu.

MADAME DE VERLIERE: Prétention bien ridicule, n'est-ce pas?

LANCY: Je ne dis pas cela; mais, que voulez-vous! l'homme est un être grossier à qui l'amour vient par les yeux.

MADAME DE VERLIERE: C'est ce que je lui reproche.

LANCY: Par malheur, c'est là une loi de nature à laquelle

les deux sexes sont soumis, le vôtre comme le nôtre, malgré toute prétention contraire.

MADAME DE VERLIERE: Quelle infamie!

LANCY: Voyons, madame, la main sur la conscience: si vous aimiez quelqu'un et que ce quelqu'un vous arrivât un jour borgne ou manchot, est-ce que ce dégât ne jetterait pas un peu d'eau froide sur votre exaltation.

MADAME DE VERLIERE: Que vous connaissez mal les femmes, mon pauvre ami! Quand nous aimons un homme, sachez que nous ne le voyons qu'à travers son intelligence et son cœur. A peine savons-nous s'il est blond ou brun, et, devant ce dégât que vous dites, nous redoublons de tendresse pour le consoler et le rassurer.

LANCY: Pendant huit jours.

MADAME DE VERLIERE: Pendant toute la vie.

LANCY: Je voudrais par curiosité vous voir à cette épreuve.

MADAME DE VERLIERE: Si j'étais aussi sûre qu'il triomphera de celle que je lui prépare!

LANCY: Qui?

MADAME DE VERLIERE: Celui que j'attends.

LANCY: Vous persistez donc à soutenir que vous attendez quelqu'un?

MADAME DE VERLIERE: Ce n'est pas pour autre chose que je suis . . . enfarinée. Je vais lui raconter que j'ai blanchi en son absence, que je suis réduite à me poudrer pour ne pas étaler des cheveux . . . Comment disiez-vous? poivre . . .

LANCY: Et sel.

MADAME DE VERLIERE: Et sel. − Et, si je vois dans ses yeux la moindre hésitation, tout est rompu.
                    Elle passe à gauche.

LANCY: En êtes-vous sûre?

MADAME DE VERLIERE: Je vous en fais serment.

LANCY: Alors, permettez-moi de ne pas désespérer encore.

MADAME DE VERLIERE: La rupture ne serait pas à votre profit. Je renoncerais au monde et m'irais enterrer à Verlière.

LANCY, *souriant*:   N'avez-vous pas quelque caveau d'ami, à Verlière?

MADAME DE VERLIERE: Ne plaisantez pas, je vous en prie. Quand je songe au dé que je vais jouer . . .

LANCY: Pourquoi le jouer, alors?

MADAME DE VERLIERE: Pourquoi Psyché a-t-elle allumé sa lampe?

LANCY: O fille d'Eve! — Me permettrez-vous, madame, si j'en ai le courage, de venir savoir le résultat de l'entrevue? Car je tiens à conserver au moins les droits de l'amitié si je n'en puis avoir d'autres.

MADAME DE VERLIERE: Voilà de bonnes paroles dont je me souviendrai, quoi qu'il arrive. (*Lui tendant la main.*) Merci, mon ami.

UN DOMESTIQUE, *ouvrant la porte de gauche*:   Madame, M. de Mauléon est là.

LANCY, *à part*:   M. de Mauléon?

MADAME DE VERLIERE: C'est bien; j'y vais.
                    Le domestique sort.

LANCY, *très froid*:   C'est donc lui? Que ne le disiez-vous tout d'abord? Je me serais retiré sans souffler mot.

MADAME DE VERLIERE: Pourquoi devant lui plutôt que devant un autre? Est-ce que vous le connaissez?

LANCY, *prenant son chapeau sur la table*:   A peine. Je sais seulement qu'il est, depuis deux ans, consul quelque part, dans l'Inde.

MADAME DE VERLIERE: Eh bien?

LANCY: Or, comme vous n'êtes veuve que depuis quatorze mois . . .

MADAME DE VERLIERE: Je l'ai aimé du vivant de mon mari? Est-ce là ce que vous voulez dire?

LANCY: Oubliez mon importunité, madame, et veuillez me croire toujours votre humble serviteur.
           Il va jusqu'à la porte de droite.

MADAME DE VERLIERE: Monsieur de Lancy!   (*Il s'arrête.*) Je ne peux pourtant pas vous laisser croire ce qui n'est pas. Je tiens à votre estime.

LANCY, *sur la porte*:   Vous êtes trop bonne, mais on vous attend.

MADAME DE VERLIERE: En deux mots: c'est moi qui ai demandé au ministre la nomination de M. de Mauléon pour éloigner un danger avec lequel une honnête femme ne doit jamais jouer.

LANCY: Triple butor! Vous avez bien raison de ne pas m'aimer, je ne vous mérite pas! Je vous ai offensée bêtement.

MADAME DE VERLIERE: Oui, mais vous ne m'avez pas déplu. Votre mouvement du moins n'était pas banal. Il prouve que mon honneur vous tient au cœur.

LANCY, *descendant en scène*:   Votre bonheur aussi, soyez-en sûre.

MADAME DE VERLIERE: Je n'en doute pas.

LANCY: Alors permettez-moi une simple question. Savez-vous qu'à peine installé dans son consulat, M. de Mauléon a recherché la fille d'un riche négociant?

MADAME DE VERLIERE: Je le sais. — Après?

LANCY: Puisque vous le savez, je n'ai plus rien à dire.

MADAME DE VERLIERE: Je n'étais pas libre alors. Fallait-il que M. de Mauléon sacrifiât toute sa vie à un amour sans espoir? Il n'a pas de fortune; le mariage fait partie de sa carrière, et je suis bien sûre qu'il n'aurait pas manqué celui dont vous parlez s'il n'y avait pas apporté la nonchalance d'un cœur endolori.

LANCY: A la bonne heure. Vous avez des indulgences que je ne m'explique guère.

MADAME DE VERLIERE: Et vous, des sévérités que je m'explique trop bien.

LANCY: Je suis suspect de partialité, je l'avoue. Ah! je donnerais gros pour être votre frère ou votre oncle pendant cinq minutes.

MADAME DE VERLIERE: Mais vous ne l'êtes pas.

LANCY: Aussi je me tais. – Adieu, madame; soyez heureuse.

MADAME DE VERLIERE: Et moi, je veux que vous parliez! Que signifient ces réticences à propos d'un homme que vous connaissez a peine?

LANCY: A peine, mais à fond. J'ai été témoin de son adversaire dans un duel qui s'est arrangé sur le terrain, et je vous prie de croire que ce n'est pas nous qui avons mis les pouces.

MADAME DE VERLIERE: Témoin de M. de Saint-Jean?

LANCY: Vous connaissez aussi cette affaire-là?

MADAME DE VERLIERE: Parfaitement. Tous les torts étaient du côté de M. de Mauléon, mais il n'en voulait pas convenir et c'est moi seule qui ai obtenu de lui qu'il fît des excuses. Ce n'est pas la moindre marque d'amour qu'il m'ait donnée. J'en ai été si touchée que c'est le moment où j'ai senti la nécessité de l'éloigner. Vous n'êtes pas heureux dans vos attaques, mon pauvre Lancy; mais vous avez raison, je le fais attendre. Adieu.

Elle sort.

SCENE II

LANCY, *seul*:   Elle l'aime aveuglément, c'est clair, et voici ce qui va se passer: au premier mot de l'ingénieuse épreuve, le galant fait la grimace et la pauvre femme s'écrie en tremblant: "Rassurez-vous, ils sont toujours noirs comme du jais." — Alors, qu'est-ce que j'attends ici! Leur billet de faire part? (*S'asseyant au coin du feu.*) Quel semblant d'espoir me cloue à cette place? Qu'on a de peine à se tenir pour battu! — C'est vrai que cette cheminée fume encore . . . mais du diable si je la fais réparer! C'est bien bon pour ce favori des dames . . . car c'est ici qu'il établira probablement son fumoir . . . au-dessus du mien. J'entendrai tout le jour le bruit insolent de ses bottes: les planchers sont si minces dans ces satanées maisons neuves! (*Il se lève.*) Mais j'y pense . . . les deux appartements ont exactement la même distribution! Et elle a encore celui-ci pour six mois! Je vais avoir toute sa lune de miel sur la tête! Un supplice de Tantale . . . très perfectionné! — Je n'ai qu'un parti à prendre, c'est de passer ces six mois-là dans mes terres. — Je n'ai pas de veine; il n'y avait qu'une femme au monde qui me convînt, elle en aime un autre! C'est toujours comme ça! — Bah! je renonce au mariage. J'ai essayé de payer ma dette à la patrie; on a refusé mon offrande, je la garde. — Oh! les femmes! dire qu'elle me préfère un pareil . . . un pareil quoi, en somme? Il en vaut bien un autre. Ce n'est pas un brave à trois poils, voilà tout . . . et encore je n'en sais rien! L'explication de madame de Verlière change bien les choses. — Allons, Lancy, aie le courage de t'avouer la vérité: tu as dénigré Mauléon par pur dépit. Eh bien, c'est pitoyable, ce que tu as fait là. Ce n'est pas d'un homme d'esprit; tu t'en moques bien, mais ce n'est pas d'un galant homme, et tu ne t'en moques pas. Voilà une jolie campagne, mon ami! Tu en sors plus mécontent encore de toi que des autres . . . Va t'installer dans tes bois avec tes chiens et n'en bouge plus.

SCENE III

LANCY, *à gauche;* MADAME DE VERLIERE. *Elle entre sans voir Lancy, traverse lentement le théâtre, jette en passant une carte de visite sur la table, et va s'asseoir dans la bergère.*

LANCY, *à part*: Elle! . . . cet air pensif . . .
Il tousse.

MADAME DE VERLIERE, *tournant la tête*: Ah! c'est vous?

LANCY: Déjà! Est-ce que par hasard M. de Mauléon . . . ?

MADAME DE VERLIERE, *d'un air préoccupé*: Au contraire, il a été parfait. Pas une seconde d'hésitation. Il trouve même que les cheveux blancs me vont plutôt mieux .

LANCY: Et c'est pour cela qu'il a si vite pris congé?

MADAME DE VERLIERE: C'est moi qui l'ai prié de me laisser un peu à moi-même. Il reviendra prendre le thé ce soir. Mais, après une matinée si remplie, j'avais vraiment besoin de rassembler mes idées . . . Je suis bien aise de vous retrouver là.

LANCY: Et moi, je veux être pendu si je sais ce que j'y fais. Adieu, madame.

MADAME DE VERLIERE: Je ne vous renvoie pas . . . au contraire.

LANCY: Votre triomphe serait-il incomplet si je n'y assistais pas?

MADAME DE VERLIERE: Mon triomphe! . . . . Oui, je devrais être au comble de mes vœux et pourtant . . . je suis presque triste.

LANCY: Une grande joie est aussi accablante, dit-on, qu'une grande douleur.

MADAME DE VERLIERE: Non, ce n'est pas cela; c'est . . . c'est votre faute.

LANCY: A moi?

MADAME DE VERLIERE: Tout ce que vous m'avez dit sur M. de Mauléon me revient et me trouble.

LANCY: Parbleu! madame, j'en suis plus troublé que vous. Quand vous êtes rentrée, j'étais en train de faire mon examen de conscience et de me reprocher la légèreté de mes accusations.

MADAME DE VERLIERE: Vraiment? Alors remettez-moi l'esprit; vous me rendrez un vrai service. Asseyez-vous. (*Lancy s'assied sur une chaise de l'autre côté de la cheminée, tournant à moitié le dos au public.*) Je fais trop de cas de vous pour estimer en toute sécurité un homme qui n'aurait pas toute votre estime.

LANCY. *d'un ton résigné*:   Je n'ai aucune raison de la refuser à M. de Mauléon.

MADAME DE VERLIERE: Je respire. Ainsi ce mariage dans l'Inde . . . ?

LANCY: Vous le disiez vous-même, pouvait-il . . . ?

MADAME DE VERLIERE, *vivement*:   Il ne s'agit pas de ce que j'ai pu dire, mais de ce que vous pensez. Déclarez-moi seulement que vous auriez agi comme M. de Mauléon, et cela me suffira.

LANCY: J'aurais agi comme lui.

MADAME DE VERLIERE: Au bout de trois mois?

LANCY: Bah! le temps ne fait rien à l'affaire.

MADAME DE VERLIERE: Pardonnez-moi; de deux choses l'une: ou M. de Mauléon m'avait oubliée trop vite, ce qui serait peu chevaleresque . . .

LANCY: Son retour prouve le contraire.

MADAME DE VERLIERE: Ou, ce qui serait moins chevaleresque encore, il offrait à une jeune fille un cœur tout plein d'une autre.

LANCY: Ce n'est pas à vous de le lui reprocher. D'ailleurs le courage lui a manqué au dernier moment, puisque le mariage n'a pas eu lieu.

MADAME DE VERLIERE: Est-ce bien lui qui a reculé?

LANCY: Oh! pour reculer . . .

MADAME DE VERLIERE, *riant*:   Il est bon là, n'est-ce pas?

LANCY: Ce n'est pas ce que je veux dire! — Au contraire. C'est le point sur lequel j'ai le plus à cœur de lui faire réparation.

MADAME DE VERLIERE: Son duel vous avait pourtant laissé une pauvre idée de lui.

LANCY: Parce que j'ignorais qu'il agissait pas vos ordres. Mais diantre! c'est bien différent, et je suis maintenant tout à fait de votre avis.

MADAME DE VERLIERE, *agacée*:   J'en suis charmée. Ainsi, mon cher ami, si je vous ordonnais de faire des excuses sur le terrain, vous en feriez?

LANCY: Certainement.

MADAME DE VERLIERE: Mais vous exposeriez-vous à recevoir de pareils ordres? Viendriez-vous, la veille d'un duel, m'annoncer que vous vous battez?

LANCY: Mon Dieu, madame, je voudrais bien m'en aller!

MADAME DE VERLIERE: Non, non, répondez . . . je vous en prie.

LANCY, *avec embarras*:   M. de Mauléon a eu la langue un peu légère, j'en conviens; il voulait peut-être se parer à vos yeux du danger qu'il allait courir, ce n'est pas un crime; mais je ne puis admettre qu'il cherchât un biais pour s'y soustraire.

MADAME DE VERLIERE: Il devait pourtant prévoir ce qui arriverait.

LANCY, *cherchant ses mots*:   Eh bien, il allait sans doute au devant du plus grand sacrifice qu'un homme puisse faire à une femme . . . Il y a des gens comme cela, dont la passion recherche les cilices.

MADAME DE VERLIERE: Le croyez-vous si passionné?

LANCY: Dame! vous venez de le soumettre à une épreuve concluante.

MADAME DE VERLIERE: Concluante? vous trouvez?

LANCY: Sans doute.

MADAME DE VERLIERE: Tâchez donc d'avoir une opinion à vous, mon pauvre Lancy, vous tournez comme une girouette.

LANCY: Où voyez-vous cela?

MADAME DE VERLIERE: Est-ce votre avis, oui ou non, que les hommes ont une façon d'aimer . . . très différente de la nôtre, je le maintiens, mais qu'ils n'en ont qu'une?

LANCY: Oh! moi . . . vous savez bien que je suis un brutal.

MADAME DE VERLIERE, *se levant*:   Mais tous les hommes lesont plus ou moins, et, s'ils n'ont en effet qu'une façon d'aimer, et si M. de Mauléon ne m'aime pas de cette façon-là, il ne m'aime pas du tout; soyez logique.

LANCY: Vous allez vite en besogne!

MADAME DE VERLIERE, *se regardant dans la glace*:   N'est-ce pas aussi une chose bien surprenante que cette complète indifférence à ma . . . Comment dirai-je?

LANCY: A votre beauté.

MADAME DE VERLIERE: Oui. Si j'ai quelque chose de passable, c'est ma chevelure. On dirait qu'il ne s'en est jamais aperçu.

LANCY, *souriant*:   Il aime votre âme.

MADAME DE VERLIERE: Ne plaisantez donc pas. — Et, s'il ne m'aime pas en effet, voyez à quelle horrible supposition je suis réduite.

LANCY: Laquelle?

MADAME DE VERLIERE, *se rasseyant en face de*

Lancy: Vous ne voulez rien comprendre aujourd'hui! Ne vous ai-je pas dit qu'il est sans fortune?

LANCY: Vous lui faites injure.

MADAME DE VERLIERE: Mon Dieu! toutes mes idées se brouillent. Qui me tirera d'anxiété? Mon cher Lancy, vous regrettiez de ne pas être mon frère; supposez que vous l'êtes, et donnez-moi un conseil, je vous en prie.

LANCY: Mon conseil serait trop intéressé.

MADAME DE VERLIERE: Non! Vous êtes la loyauté même; je vous obéirai aveuglément.

LANCY: Je vous conseille de m'épouser.

MADAME DE VERLIERE: Ce n'est pas ce que je vous demande.

LANCY: C'est pourtant tout ce que je peux vous dire.

MADAME DE VERLIERE: En votre âme et conscience, croyez-vous qu'il m'aime?

LANCY: Je vous aime trop pour en douter.

MADAME DE VERLIERE, *se levant avec impatience, traverse la scène jusqu'à la table; puis, revenant à Lancy, d'un ton résolu*: Eh bien, s'il m'aime, tant pis pour lui, car je ne l'épouserai certainement pas. Désolée de vous contrarier . . .

LANCY, *se levant*: Le pensez-vous? — . . . Je suis le plus heureux des hommes.

MADAME DE VERLIERE: Vous avez bien tort, mon pauvre Lancy, car je ne vous en épouserai pas davantage. Le veuvage ne me pèse pas à ce point. Si vous voulez rester mon ami, bien; sinon . . .

LANCY: Je le veux! c'est déjà une commutation de peine. — Mais, si je ne suis pour rien dans ce revirement inespéré, qu'est-ce donc que vous a fait Mauléon?

MADAME DE VERLIERE: Je vous ai tout dit.

LANCY: Tout? Il n'y a pas de *post-scriptum?* Les femmes en ont toujours un.

MADAME DE VERLIERE: Pas l'ombre. (*Elle s'assied à gauche de la table.*) — Maintenant, comment faire pour me dégager? Je ne vous consulte pas, car vous êtes détestable aujourd'hui.

LANCY: Une femme a toujours le droit de reprendre sa parole.

MADAME DE VERLIERE: Je ne lui ai jamais donné la mienne.

LANCY: Pas même tout à l'heure?

MADAME DE VERLIERE: Non. Je ne sais par quelle prudence instinctive j'ai éludé sur ce point.

LANCY, *debout de l'autre côté de la table*: Rien de plus simple: il vient prendre le thé ce soir . . .

MADAME DE VERLIERE: C'est que je voudrais bien qu'il ne vînt pas.

LANCY: Alors écrivez-lui.

MADAME DE VERLIERE: Je ne lui ai déjà que trop écrit.

LANCY: Il a des lettres de vous?

MADAME DE VERLIERE: Oh! pas beaucoup, et pas bien compromettantes; vous pourriez les lire; des lettres de veuve . . . mais enfin des lettres.

LANCY: Renvoyez-lui les siennes, il vous renverra les vôtres.

MADAME DE VERLIERE: Et s'il ne les renvoie pas?

LANCY: N'avez-vous pas quelque ami qui se chargerait volontiers de la négociation? Je crois qu'avec un peu de diplomatie . . .

MADAME DE VERLIERE: C'est que vous me faites l'effet d'un pauvre diplomate, mon ami.

LANCY: Vous ne me connaissez pas.

MADAME DE VERLIERE: Comment vous y prendriez-vous?

LANCY: Je lui dirais: "Monsieur, voici vos lettres à madame de Verlière; je suis chargé de lui rapporter les siennes."

MADAME DE VERLIERE: Oui, regardez-le avec ces yeux-là; je crois qu'il n'aura rien à répliquer. (*Fouillant dans le tiroir de la table.*) Voici sa correspondance.

LANCY: Où demeure-t-il?

MADAME DE VERLIERE: Il m'a laissé sa carte.
          Elle la lui montre sur la table.

LANCY, *prend la carte, fait quelques pas vers la porte, et se retournant*: Quand vous reverrai-je?

MADAME DE VERLIERE: Voulez-vous prendre le thé avec moi?

LANCY, *saluant*: Volontiers. (*A part, en s'en allant.*) Le thé de Mauléon . . . C'est toujours un avancement d'hoirie . . .

MADAME DE VERLIERE, *tout en arrangeant le tiroir*: Ah! j'oubliais ce médaillon. (*Elle se lève et tend un petit écrin à Lancy.*) Joignez-le au reste.

LANCY: Un portrait?

MADAME DE VERLIERE: Non . . . des cheveux qu'il s'était avisé de m'envoyer de là-bas. Il ne sera pas fâché de les retrouver ici.

LANCY: Est-ce qu'il n'en a plus?

MADAME DE VERLIERE: Chauve comme la main!

LANCY, *à part*: Voilà le *post scriptum.*
          Il sort.

Rideau

LE CAVALIER BIZARRE
(1920)

by Michel de Ghelderode

Michel de Ghelderode (1898 – 1962)
Grotesque world inspired by painters Pieter Breughel and Hieronymus Bosch: medieval decay, macabre figures, Gothic poetry of purity marred by physical deformity: Lucifer, the Supernatural, the terrors of earthly existence.

Pochade en un acte

dédiée au docteur
Louis De Winter de Bruges,
grand charitable

PERSONNAGES

LE GUETTEUR
LES VIEILLARDS, tous calamiteux, poussifs, tousseux,
béquillards, vêtus d'invraisemblables défroques. Dans leur
nombre, une vieille femme. Cette humanité qui se disloque
mais reste forte de couleur et riche d'odeur, eut tenté le
pinceau du Breughel des mendiants ou le burin de Jacques
Callot. En plus, elle résonne singulièrement dans le creux
endroit qui la circonscrit.

LIEU

*En Flandre. Dans la salle voûtée d'un vieil hôpital. Au fond,
une haute fenêtre ogivale. La porte est à gauche. A droite, un
autel désaffecté. Aux murs chaulés, de sombres tableaux
d'église et des obits en nombre offrant leurs phantasmes
héraldiques.*

Les vieillards sont couchés ou accroupis sur les lits. Un seul marche de long en large, rapidement et avec agitation. C'est le guetteur, barbu et chevelu.

LE GUETTEUR: Je les ai entendues. La vérité! Et ce qui est vrai pour moi l'est pour vous, puisque nous sommes pareils! Ecoutez!

UN VIEILLARD: Le sommeil est sonore. Il contient non seulement des images, des lumières; mais aussi des saveurs, des odeurs, des musiques. Le sommeil a cinq sens, pauvre halluciné. Tu es halluciné comme le sommeil!

LE GUETTEUR: La maigre raison! Il n'y a pas un instant, je les entendais: Cloches de métal!

UN AUTRE VIEILLARD: Il n'existe pas de clocher dans la plaine, à dix lieues.

LE GUETTEUR: Par mes oreilles! Cloches! Qu'on me les coupe, si je mens! Cloches dures, cloches vivaces!

TROISIEME VIEILLARD: Cloches de fièvre, oui.

LE GUETTEUR: Et qui sonnaient quoi? me le direz-vous?

PREMIER VIEILLARD: La naissance de tes cauchemars.

DEUXIEME VIEILLARD: Ton mariage avec la folie.

TROISIEME VIEILLARD: Les funérailles de ta jugeote.

LE GUETTEUR: Terribles, terribles cloches, encore que lointaines. Comment étaient ces cloches? Expliquez-moi?

PREMIER VIEILLARD: Quand un navire sombre dans la tempête . . .

DEUXIEME VIEILLARD: Quand l'incendie dévore les moissons . . .

TROISIEME VIEILLARD: Quand le peuple se révolte . . . Quand la guerre . . .

LE GUETTEUR: Comme tout cela . . . Un tocsin! J'ai pris peur.

QUATRIEME VIEILLARD, *debout*:   Réponds froidement: As-tu entendu des cloches?

LE GUETTEUR: J'étais couché. Depuis longtemps, je les épiais, et mon esprit, avant mon ouïe, les a reconnues. Mon Dieu! que signifient ces sonnailles dans la désolation de notre plaine, dans ce pays de misère?

PREMIER VIEILLARD: Chacun voit, chacun entend ce qui lui plaît! Une fois, j'ai entrevu le paradis, mais je n'ai obligé personne à me croire.

LE GUETTEUR: Je l'affirme. C'est l'annonce du malheur!

DEUXIEME VIEILLARD: Distinguons-nous encore le bonheur du malheur? Si tu avoues que tu te moques de nous, je te donne la moitié de ma chique.

LE GUETTEUR: J'avoue. C'était lugubre . . . ubre . . . ubre . . .

DEUXIEME VIEILLARD: Crétin!

LE GUETTEUR: Et ma chique?

QUATRIEME VIEILLARD: Mâche les sons que tu entendais!

> *Les vieillards se recouchent, boudeurs. Un silence.*

LE GUETTEUR: Cloches dans les nuées . . . Cloches au fond des marécages . . . Cloches dans mon crâne . . . Elles ne sonnent plus? C'est qu'on m'a fait douter. Pourtant ceux qui sont accoutumés au silence perçoivent des bruits, des chants, des plaintes qui viennent d'un autre monde. Cela fait ricaner les uns, rêver les autres. Je vais dormir. Tant pis pour le sonneur! Mais jamais plus je ne révélerai ce que je surprends d'au delà notre monde . . .

Soudain, trois coups de cloche battent nettement, aux environs. Les dormeurs se dressent.

PREMIER VIEILLARD: Des cloches? Hé, barbu? as-tu entendu?

LE GUETTEUR: Non! Qu'avez-vous entendu?

PREMIER VIEILLARD: Des cloches, nom de dial, des cloches!

LE GUETTEUR: Ne serait-ce pas le temps passé qui vous remonte à la tête? Dans vos villages sonnaient des cloches! Pendez à la corde . . .

TROISIEME VIEILLARD: Je ne dormais pas.

QUATRIEME VIEILLARD: Pourquoi s'est-on mis à parler de cloches, céans? Nous en entendrons le jour et la nuit, ce sera la mode.

CINQUIEME VIEILLARD: Qu'avons-nous d'autre à faire?

PREMIER VIEILLARD: Avant tout, ouvrons les oreilles et ne croyons qu'elles . . .

Un long silence. Les vieillards sont attentifs.

LE GUETTEUR, *imitant les cloches*: Bing, bong . . . Bing, bang . . . Bing, bang, bong . . .

Les vieillards, en colère, entourent le guetteur.

DEUXIEME VIEILLARD: C'était lui! Imposteur!

TROISIEME VIEILLARD: La méprisable farce!

QUATRIEME VIEILLARD: Une invention d'aliéné, oui!

LA VIEILLE FEMME, *brandissant sa béquille*: Oserais-tu recommencer, sale type?

LE GUETTEUR: Mon gosier est de bronze! Je sonnerai de la gueule en votre honneur, béquille! Ecoutez! (*Il ouvre la bouche, mais c'est dans la campagne que, réelles, les cloches éclatent. Le guetteur rit.*) Ho! un jeu du diable. Du diable, je suis l'ami! (*Imitant les cloches.*) Bing, bang, bong . . . comme ceci . . . Doucement . . . Et plus fort . . . (*Les cloches, rapprochées.*) Et plus près encore . . . (*Les cloches battent un glas rapide.*) Et pas blanches, ni roses, ni bleues, ni d'or, les cloches, non! noires, noires, cloches nocturnes, cloches glaciales . . .

PREMIER VIEILLARD: On veut savoir quoi.

LA VIEILLE FEMME: Présage . . .

LE GUETTEUR: Farce, qu'on disait! Farce, je maintiens!

CINQUIEME VIEILLARD: Pauvre de nous! cet événement a-t-il quelque sens? On ne sonne pas de cloches hors des clochers! Est-ce concevable? Dites, les gens? . . .

LE GUETTEUR: Ce que vous ne pouvez concevoir ou expliquer vous effraye? Moi pas.

SIXIEME VIEILLARD: Prévenons le directeur.

LE GUETTEUR: Le directeur est un vieillard à nous pareil, qui ne sait rien faire d'autre qu'écrire dans son livre de parchemin les noms des vieillards qui trépassent.

PREMIER VIEILLARD: Je prétends qu'il n'y a pas de cloches. Je ne crois que ce que je vois, et ces cloches, je ne les vois pas!

LE GUETTEUR: Les cloches sont d'origine surnaturelle, vieux Thomas; si elle se laissent entendre, il leur déplaît de se montrer, peut-être. On ne les voit qu'à leur baptême et à leur trépas.

PREMIER VIEILLARD: Contre tous, je soutiens qu'il n'y a pas de cloches.

Un glas, fortement scandé, tout près.

LA VIEILLE FEMME: God Jésus!

LE GUETTEUR, *la parodiant*:   Godchuzes!

PREMIER VIEILLARD: C'est intolérable! Je propose de réclamer, de rédiger un placard, avec des mots à perruques.

DEUXIEME VIEILLARD: Et moi qui en ai tant vu dans ma vie! Voici que les cloches marchent, elles ont des jambes?

TROISIEME VIEILLARD: Qu'elles pérégrinent, c'est leur affaire; mais qu'elles ne prennent pas notre hospice pour une auberge, alors!

LE GUETTEUR: Apaisez-vous, vos cœurs antiques battent aussi fort que des cloches, et ils ne sont plus de métal. Je saurai bien ce qui marche et carillonne dans la campagne; j'irai voir, et vous m'en croirez. C'est peut-être très beau . . . *Il court au fond de la salle et se hisse sur une table, jusqu'à hauteur de la fenêtre. Un silence. Les vieillards se groupent vers le fond.*
Ou préférez-vous ne rien savoir, des fois?

QUATRIEME VIEILLARD: Nous voulons savoir. N'est-ce pas? compères, nous voulons . . .

CINQUIEME VIEILLARD: Nous   voulons,   trétous! Guetteur, que vois-tu?

LE GUETTEUR: Je découvre la plaine crépusculaire, rougeâtre toute, avec ses marécages d'étain.

SIXIEME VIEILLARD: Ensuite?

LE GUETTEUR: Je vois . . . (*Un silence.*) Ce que je vois se peut difficilement dépeindre. Moi, vous savez, rien ne m'étonne jamais . . .

PREMIER VIEILLARD: Pour l'amour de Dieu, que vois-tu?

LE GUETTEUR: Un cheval, grand, très grand. Aussi grand que celui qui se nomme Bayard dans l'ommegang. A moins que ce ne soit une ombre! Il trotte, il va. L'extraordinaire animal! A son col, pendent des grelots, grands, très grands, qui sont des cloches . . .

PREMIER VIEILLARD: Des chevaux de cette sorte? ça n'existe pas!

CINQUIEME VIEILLARD: A moins que ce ne soit une ombre . . . Vers la chute du soir, des mirages se produisent parfois dans nos plaines fiévreuses. Mais après, voyeur?

LE GUETTEUR: Celui qui monte cette bête est de belle taille aussi. Cavalier bizarre! Et quelle prestance, mes aïeux! A moins que ce ne soit une ombre encore, chevauchant une ombre . . .

CINQUIEME VIEILLARD: D'abord, l'espace ne s'emplit-il pas de reflets, de miroirs?

LE GUETTEUR: L'infini se dédore. Il fait pourpre. La plaine est en sommeil déjà, déployée pour les rêves. Cela vous prend!

LA VIEILLE FEMME: Réveille-toi! Ce cavalier?

LE GUETTEUR: Se promène, se pavane. Il vient vers l'hôpital. D'ici quelques foulées, il sera très distinct.

DEUXIEME VIEILLARD: Guetteur, ton propos est ambigu! Parle comme les honnêtes gens ou qu'un autre grimpe à la fenêtre!

LE GUETTEUR: Fiez-vous à moi! Si je parle moins bien, je vois mieux que quiconque. (*Un silence.*) Celui qui s'en arrive cavalcadant, je le connais, ah certes! Et trétous le connaissez.

SIXIEME VIEILLARD: Qui, mais qui donc?

LE GUETTEUR: Il considère notre Hôtel à l'enseigne du Bon Dieu, une vénérable maison où souvent il mit pied!

QUATRIEME VIEILLARD: Son nom, son titre?

LE GUETTEUR: Je n'en dirai pas plus. (*Un heurt de cloches, dehors.*) Gardez le silence. Allez vous coucher.

PREMIER VIEILLARD: Pourquoi ces conseils?

LE GUETTEUR, *sautant sur le sol*: Répondez, redoutez-vous mourir?

PREMIER VIEILLARD: La sotte question! A notre âge?

DEUXIEME VIEILLARD: Tout n'est-il pas fini pour nous, depuis longs ans?

TROISIEME VIEILLARD: S'agit-il de mourir?   Mais nous survivions!

QUATRIEME VIEILLARD: Mourir, c'est métier aux hommes.

LA VIEILLE FEMME: Que faisons-nous d'autre dans cette fondation qu'attendre notre fin dernière?

LE GUETTEUR: Vos paroles expriment tant de sagesse! Dès lors, vous ne serez pas autrement surpris . . . (*Un silence.*) Le cavalier qui vient? (*Un glas.*) C'est la Mort!

CINQUIEME VIEILLARD: La Mort?

LE GUETTEUR: La Mort chevalière!

SIXIEME VIEILLARD: Que dis-tu?   La Mort?

LE GUETTEUR: La Mort! pompeuse, casquée de cuivre, cimée de plumes de paon!

PREMIER VIEILLARD: De quoi?   La Mort?

LE GUETTEUR: La Mort!   très infatuée de soi, la mâchoire en exergue, un poing à la hanche, sa faulx en bandoulière, bottée de cuir blanc, drapée dans un manteau déchiqueté et semé de petites croix d'argent.

LA VIEILLE FEMME: La Mort qu'il a dit?

LE GUETTEUR: Rien qu'elle. (*Des glas.*) Et pour qui vient?   Pour toi, pour vous; pour moi, pour tous?   Il s'agira de bien l'accueillir, de proprement se comporter.   Surtout, cachez vos sentiments d'effroi, car elle se croit aimable et plaisante, cette vieille gaupe.

PREMIER VIEILLARD: Peur?   Qu'elle entre voir!   Je lui glapirai le compliment de joyeuse entrée en vrai latin de sacristie!

DEUXIEME VIEILLARD: Il me reste un bout de cierge. J'offre le luminaire!

TROISIEME VIEILLARD: Je chanterai la messe des ribauds et nous danserons le pas des hellequins.

QUATRIEME VIEILLARD: On se fait les adieux?

LE GUETTEUR: Pensez plutôt au soin de vos âmes. Décapez la crasse qui les enduit!

LA VIEILLE FEMME: Mais enfin? Est-ce la Mort? Au mardi gras, on l'imite à s'y méprendre.

LE GUETTEUR: L'authentique, l'inimitable ...

CINQUIEME VIEILLARD, *à la vieille*: Femme, je veux commettre le dernier péché, toute puante que tu sois!

SIXIEME VIEILLARD: Ma gamelle pleine de sirop, je n'en laisse rien!

PREMIER VIEILLARD: Encore riche de sept écus, je les dépense ...
Les cloches battent, plus proches toujours.

LE GUETTEUR: La Mort ne goûtera pas vos cabrioles et grimaces; elle est personne compassée, aimant le protocole.

PREMIER VIEILLARD: Et nous, goûtons-nous ses visites? Nous sommes des vivants, dont le propre est de rire!

DEUXIEME VIEILLARD: Et qui vivent leur dernier jour! Je veux boire.

TROISIEME VIEILLARD: Je veux chanter, je chante la fin du monde!

QUATRIEME VIEILLARD, *déployant un accordéon*: Je mène le branle, le bal macabré!

CINQUIEME VIEILLARD: Dansons à la Mort! Dansons la macabrée! C'est fête des vieux, c'est quadrille de mori-bonds!

LA VIEILLE FEMME: Je valse à l'endroit et à l'envers!

SIXIEME VIEILLARD: Musique?

L'accordéon attaque une lourde danse. Un vieillard empoigne la vieille et l'entraîne. Les deux croquemitaines sautent sur place. Les autres font cercle, chantent l'air battent des mains ou crient. Cette cacophonie dure quelques instants. Le vieux couple, hors d'haleine, s'écroule sur un lit; l'accordéon divague; le cercle de vieillards est déjà rompu.

PREMIER VIEILLARD: Et les cloches, on ne les entend plus?

LE GUETTEUR: Elle a frappé au porche. J'ai entendu les coups, malgré votre kermesse.

PREMIER VIEILLARD: Tu mens! Elle a poursuivi la route.

DEUXIEME VIEILLARD: Lui a-t-on seulement?

TROISIEME VIEILLARD: Je vous dirai mon idée, elle a déjà fini et elle est repartie. Elle ne venait pas pour nous, ceux de l'hospice, mais pour ceux de l'hôpital, dans l'autre aile. Nous? On est les oubliés . . .

LE GUETTEUR: Je cours à sa rencontre.

Il va rapidement vers le fond. Les vieillards se jettent sur lui et le retiennent.

QUATRIEME VIEILLARD: Insensé! Tu veux attirer son attention sur notre salle?

LE GUETTEUR: Insensés vous-mêmes! N'avez-vous pas tout fait pour qu'elle gagne votre étage? D'ailleurs, c'est une question de savoir-vivre. Et en allant à sa rencontre, je vous ménageais une moindre infortune.

CINQUIEME VIEILLARD: Reste!

LE GUETTEUR: C'est comme vous désirez. Je m'en désintéresse.

LA VIEILLE FEMME: Miserere!

LE GUETTEUR: Tu dis, grand'mère?

LA VIEILLE FEMME: Appelez le chapelain!

LE GUETTEUR: Il s'est caché dans un tonneau.

SIXIEME VIEILLARD: Mais alors, à qui nous confesser?

LE GUETTEUR: Dieu vous écoute, allez!

PREMIER VIEILLARD: Je ne suis pas parfait, que non!

DEUXIEME VIEILLARD: Moi, je me tiens pour un pécheur, mettons sérieux!

TROISIEME VIEILLARD: Et moi, pour un pécheur endurci. Un vrai!

QUATRIEME VIEILLARD: J'ai beaucoup bu!

CINQUIEME VIEILLARD: J'ai parfois volé, plus ou moins!

SIXIEME VIEILLARD: J'ai énormément forniqué!

LA VIEILLE FEMME: J'étais belle, je vendais mon corps!

PREMIER VIEILLARD: J'ai à mon actif quelques sacrilèges!

DEUXIEME VIEILLARD: Peuh! Moi, mieux que de sacrilèges! Des péchés que le pape seul peut absoudre!

LE GUETTEUR: Le compte y sera. Numérotez-vous et suivez-moi, je dégringole aux enfers.

LA VIEILLE FEMME: N'évoquez pas l'Enfer! Il est sous nos pieds.

LE GUETTEUR: Ha, oui? ça sent le soufre. Etait-ce la peine de traiter la Mort avec tant de dédain? Cessez vos lamentations, retenez vos chiasses. La Mort est dans l'escalier, un peu embarrassée, je présume. Tant de portes!

TROISIEME VIEILLARD: Qu'elle aille où elle veut, mais pas ici . . .

LE GUETTEUR: Ha, ha, ha! Ce qu'on râle aux étages! La vie est donc un bien si précieux, à tous ces malades, ces infirmes? De l'ouvrage, ô Mort, et combien de cercueils commandez-vous? Toute une forêt!

Les vieillards errent, égarés,

QUATRIEME VIEILLARD: Que faire?

LE GUETTEUR: Priez!   Les hommes n'ont que cette ressource.

CINQUIEME VIEILLARD: Comment prier?

LE GUETTEUR: Sais-je? Dites, par exemple: 'Seigneur! j'ai peur. Peur de la mort et du châtiment. Nous crions vers Toi dans le péril, une fois n'est pas coutume. Nous voulons vivre, laisse-nous vivre. Amen! . . . '

LA VIEILLE FEMME: Vivre!

SIXIEME VIEILLARD: N'importe comment, malades, souffrants, en plaies et couverts de vermine, mais vivre!

LE GUETTEUR: Désespérez, mais pas comme des cochons qu'on mène à l'égorgeur. Tenez, occupez-vous. Faites des devinettes. Qui de vous crèvera le premier? Je le sais, le moins âgé d'abord.

PREMIER VIEILLARD: J'ai cent ans tout juste.

DEUXIEME VIEILLARD: J'en ai cent et un!

TROISIEME VIEILLARD: Attendez, la Mort nous laissera bien un moment pour calculer.

LE GUETTEUR: Vite! Elle a toussé, la catarrheuse, elle n'est plus loin. Quel creux dans cette carcasse! (*Il avance lentement vers le fond.*) Elle a dû trébucher sur les marches. Ho! pas d'erreur, elle approche; je le sens au remugle qui la précède.

Les vieillards se sont glissés furtivement sous les couvertures ou sous les lits. La salle semble soudainement vidée. Le guetteur continue d'avancer dans un rêve, comme un ivrogne.

UNE VOIX DE VIEILLARD: Et la Mort?

LE GUETTEUR: Un peu de patience.

UNE AUTRE VOIX: . . . ora pro nobis? . . .

LE GUETTEUR: Elle joue des castagnettes, derrière la porte.

UNE AUTRE VOIX: . . . orate pro nobis? . . .

LE GUETTEUR: Enfin! elle nous échoit! Son souffle, pouah! ce puissant soufflet de forge! Si bien lunée, elle fera vite, n'est-ce pas ma chère? La mort subite, comme on dit. Et plouc! dans la trappe, comme une grappe de poupées . . . (*Quelques gémissements, quelques jurons, quelques sanglots, quelques bouts de litanies sous les couvertures et sous les lits. La pétarade d'une foirade aussi. Le guetteur donne plusieurs coups de poing contre la porte, s'effraye du bruit qu'il vient de faire, pousse la porte en large et recule dans la salle, sans qu'il sache lui-même encore s'il joue son jeu ou non.*) Qui v'là? (*Sa voix se fait puérile.*) Si je vous connais? Allons donc! (*Un silence.*) Excellence! (*Un silence.*) Votre serviteur! (*Un silence.*) Et votre Excellence désire savoir . . . (*Un silence.*) Dans cette salle nommée Sainte-Gertrude? Il n'y a que moi qui me puis prétendre valide, oui. Ici, des vieillards, rien que des vieillards, indignes de votre attention; des vieillards ratatinés, déplumés, renâcleurs, décharnés, mal torchés, saliveurs. Leur nombre? Achille qui chique, Romain qui vesse, Gommaire qui module, Rombaut qui pèle, Simon qui buccine, Ghislain qui enfle, Arnold qui sèche; et cette ci-devant Vierge de la procession de Furnes, Maria qui lacryme debout! Parole d'honneur! (*Il écoute, incliné, la main à l'oreille.*) Non! Allez en bas, tout en bas . . . O perverse Mort! (*Il rit.*) Mes compliments! (*Il salue plusieurs fois.*) Excellence . . . (*Il disparaît un instant, revient et ferme la porte. Mais il reste à l'écoute.*) Elle descend. Elle cherche. Trouvera-t-elle ce qu'elle cherche? (*Un long silence.*) Aïe! elle a trouvé, me semble! Ce cri, ce cri de femme! Il a trouvé! Est-ce qu'il la viole, le vieux salaud de célibataire? (*Il rit.*) Ho, ho, ho! Où Mort il y a, Luxure ne manque! (*Rapidement, il traverse la salle.*) Holà? vieillards? (*Rien ne bouge.*) Charognes, sortez de vos paillasses!

UNE VOIX DE VIEILLARD: La Mort?

LE GUETTEUR: A fichu son camp! (*Aux têtes qui émergent des lits.*) L'auriez-vous vue?

PREMIER VIEILLARD: Non, je suffoquais . . .

DEUXIEME VIEILLARD: J'ai eu comme un éblouissement. Tout devenait noir et blanc.

TROISIEME VIEILLARD: Mon sang s'était arrêté, sang de poisson.

QUATRIEME VIEILLARD: Nous jurez-vous qu'elle est partie?

LE GUETTEUR: Qu'a-t-elle bien pu foutre en bas? Ecoutez, elle remonte à cheval.
        On entend des heurts de cloches.

CINQUIEME VIEILLARD: Je respire. Que c'est bon!

SIXIEME VIEILLARD: On se retrouve vivant, vivant!

PREMIER VIEILLARD: Qu'elle aille à son charnier; à nous les roses! (*Il va d'un lit à l'autre et crée un mouvement d'agitation.*) Debout! ... (*Tous le vieillards sont sur pied et courent en tous sens, comme excités.*) Qui manque à l'appel? aucun ! Mais qu'est-il donc venu faire, ce cavalier bizarre?

DEUXIEME VIEILLARD: Et que signifient ses simagrées, ses sonneries? Pourquoi bouleverser tout un hospice? Je crache sus!
On entend les cloches qui s'éloignent. Le guetteur, entre temps, a regagné la fenêtre et, haut juché, contemple au dehors les campagnes assombries.

LE GUETTEUR: Il s'en va. Le soir tombe. Peut-être est-ce une ombre ...

PREMIER VIEILLARD: Cherchez de l'alcool! j'offre du genièvre!

TROISIEME VIEILLARD: Qui a l'accordéon?

DEUXIEME VIEILLARD: Viens, femme? Ne te cache plus ...

LA VIEILLE FEMME, *sortant d'un lit*:   Qui est défunt?

QUATRIEME VIEILLARD: Pas nous, pas toi! Les autres, on s'en moque!

LE GUETTEUR: Taisez-vous! La Mort emporte quelqu'un. Peut-être n'est-ce aussi qu'une ombre . . .

LA VIEILLE FEMME: Ah! dites, dites un petit chapelet!

CINQUIEME VIEILLARD: Folle! Prier pour des ombres?

LE GUETTEUR: Je vous en supplie, un peu de silence? La Mort emporte . . .

SIXIEME VIEILLARD: Nous festoierons toute la nuit, malgré le couvre-feu. Nous vivrons nos grandes heures, comme autrefois!

PREMIER VIEILLARD: Ce cavalier, est-il seulement venu?

DEUXIEME VIEILLARD: Et ces cloches, ces cloches imaginaires?

LE GUETTEUR: . . . emporte dans ses bras précautionneusement une petite ombre . . .

TROISIEME VIEILLARD: J'ai trouvé l'accordéon!

LA VIEILLE FEMME, *qui a couru vers la fenêtre*:   Qu'emporte-t-elle?

LE GUETTEUR: Un nouveau-né!
Il rit doucement et détourne son visage. La vieille femme se signe. Mais l'accordéon résonne. Le vacarme éclate. Cris. Danse spasmodique des vieillards, la bouche ouverte, les poings fermés comme de raides marionnettes.

Rideau

UNE LETTRE BIEN TAPEE
(1939)
by Sacha Guitry

Sacha Guitry (1885 – 1957)
Actor and son of an actor, author of almost one hundred plays, mostly light comedies. Often directed and starred in his own films, the favourite theme of which seemed to be the private lives of great men e.g. Mozart *(1928),* Frans Hals *(1931). Appeared in London in 1920, and proved very popular in his own plays and sketches.*

COMEDIE EN UN ACTE

PERSONNAGES

LE VOYAGEUR   Sacha Guitry.
LE DACTYLO   Geneviève Guitry.

Le salon d'un appartement dans un hôtel à Orléans. Il n'y a personne en scène au lever du rideau — mais, un instant plus tard, paraît le voyageur. C'est un homme de quarante ans qui porte un costume de voyage — et qui porte son âge. Chapeau de feutre, gabardine pliée en quatre sur le bras, valise qu'il dépose en entrant — puis c'est la gabardine et le chapeau dont il se débarrasse vite.

Dès l'abord, on voit bien qu'il est un homme sérieux, qu'il ne voyage pas pour son plaisir et qu'il a tout de suite à faire une chose importante — car, déjà, le voilà qui s'assied à un petit bureau sur lequel se trouve un appareil téléphonique.

Il décroche le récepteur — hésite — et le raccroche. Il prend une feuille de papier à lettres, trempe la plume dans l'encre, hésite, repose la plume, et, de nouveau, décroche le récepteur du téléphone.

LE VOYAGEUR: Allô? La réception, s'il vous plaît. Allô,
la réception? Dites-moi, monsieur . . . n'auriez-vous pas une
sténo-dactylo que vous puissiez me prêter pendant quelques
minutes? Je suis le 122. Comme vous êtes aimable, monsieur,
merci. Qu'elle vienne avec sa machine, naturellement. C'est
cela même. Non, dix minutes . . . pas davantage. Merci. (*Il
raccroche le récepteur, allume une cigarette, et, de long en
large, fait quelques pas. On frappe.*)

LUI: Entrez. (*Elle entre, alors, cette dactylo. Elle a 20 ans,
elle est jolie, et elle le sait.*)

LUI: Bonjour, Mademoiselle.

ELLE: Bonjour, Monsieur. (*Sans en dire davantage, elle va
vers le bureau, enlève tout ce qui peut la gêner et installe la
machine à écrire portable – qu'elle apporte. Tous ces préparatifs ne vont pas sans beaucoup de petites manières. Sûre
qu'il la regarde, elle ne le regarde pas.*)

LUI: La fumée ne vous incommode pas, Mademoiselle?

ELLE: Du tout, du tout, Monsieur. Je m'excuse de ne pas
fumer moi-même, mais, pour écrire, c'est incommode. (*Elle
s'était assise, mais le siège est trop bas. Elle se relève et
cherche autour d'elle. Elle choisit le coussin d'un fauteuil
dans lequel le voyageur allait, précisément, s'asseoir. Ce
coussin, elle va le poser sur sa chaise – et elle s'installe. Elle
est très bien, maintenant.*)

ELLE: Je suis à vos ordres, Monsieur.

LUI: Vous ne vous servez pas de papier?

ELLE: Pour quel usage, Monsieur?

LUI: Pour écrire.

ELLE: Oh! Pardon (*Elle rit.*) Ah! ah! ah! j'avais oublié
le papier. Le principal, en somme. Ah! ah! (*Elle place le
papier qu'elle avait oublié et rit encore un peu de sa
distraction.*) – En un seul exemplaire?

LUI: S'il vous plaît. (*Elle est prête à présent et elle attend.*)

LUI, *dictant*:   Mon cher Edmond . . .

ELLE: Tiens!

LUI: Quoi donc?

ELLE: C'est le nom de mon père.

LUI: Ah! Oui, et comment va-t-il?

ELLE: Mon père? Il va très bien, Monsieur. Merci. (*Répétant.*) Mon cher Edmond . . . ?

LUI, *dictant*:   Je suis arrivé à Orléans vers trois heures et – virgule – tout de suite – virgule – je suis allé voir le notaire.

ELLE: Un point.

LUI: Parfaitement. (*Dictant*) Ma première impression n'a pas été très bonne.

ELLE: Ah?

LUI: Non. (*Dictant.*) Et je ne veux pas tarder à t'apprendre que la chose est bien plus compliqué que nous ne le pensions.

ELLE: Ah! Ah?

LUI: Hein?

ELLE: Non, non, rien, Monsieur. (*Répétant.*) Plus compliquée que vous ne le pensiez.

LUI: Comment "que vous ne le pensiez"?

ELLE: "Que nous ne le pensions", pardon.

LUI, *dictant*:   Je pouvais te le téléphoner.

ELLE: Ça, le fait est.

LUI: Mais, à la réflexion, j'ai préféré t'écrire afin que tu puisses montrer ma lettre à Bergeron.

ELLE: A qui?

LUI: A mon associé.

ELLE: Oui, mais c'est son nom qui m'a échappé.

LUI: Ah! Pardon: Bergeron. (*Dictant*) Il verra ainsi . . . que je suis allé moi-même . . . à Orléans. Tout ce que je puis te dire aujourd'hui, c'est que le dernier testament qu'elle a fait . . . n'est pas écrit de sa main. (*Parlant*) A la ligne. (*Dictant*) Confidentiel . . . (*Elle écoute en tendant bien l'oreille.*)

ELLE: Comptez sur moi.

LUI: Ce n'était pas à vous que je le disais, c'était à . . .

ELLE: . . . . Edmond! Ah! Bon, bon, bon.

LUI: Ecrivez-le: confidentiel. (*Dictant*) La personne en question . . . est peut-être encore où tu penses . . .

ELLE: Oui?

LUI, *dictant*:   Mais sois convaincu que si Gaston obligeait Suzanne à rendre à Germaine ce que tu sais . . .

ELLE: Hm . . . ?

LUI, *dictant*:   Nous aurions en mains . . . tous les éléments de ce que tu supposes.

ELLE: Vous croyez qu'il va comprendre?

LUI: Comment, s'il va . . . mais je pense bien.

ELLE: Je me permets de vous dire ça, parce que, moi, je ne peux pas arriver à . . .

LUI: C'est possible . . . mais, lui, il comprendra.

ELLE: Je vous demande pardon de m'y être intéressée.

LUI: Je vous en prie. (*Dictant.*) Maître Radet m'a dit qu'il se rendrait demain, en personne, au château de Saint-Mêle . . . un point. Mais Saint-Mêle est à 300 kilomètres d'ici . . .

ELLE: Trois cent quarante . . . au moins.

LUI, *dictant*:   Des personnes bien informées prétendent même qu'il y a au moins 340 kilomètres. Dans ces conditions, je n'aurai donc pas la réponse avant quarante-huit heures . . .

ELLE: J'ai mis quarante-sept heures . . . je me suis trompée d'une heure. Je peux laisser quarante-sept?

LUI: Mais, voyons! (*Dictant*) Je te la ferai connaître aussitôt. (*Un temps. Il se lève et fait quelques pas.*)

LUI, *dictant*: Que vais-je faire jusqu'à mercredi? ... Je n'en sais rien encore. Deux jours, c'est bien long, et pourtant cela pourrait passer si vite! Certes, il ne me déplairait pas d'aller jusqu'à Amboise, que j'ignore. Il paraît que le château est une splendeur ...

ELLE: Oh! ...

LUI, *dictant*: Ben, oui ... seulement, voilà, faire seul ce petit voyage, quand il serait si doux de la faire à deux! Alors? Rester à Orléans, et attendre la réponse de Radet. Si encore je connaissais quelqu'un ici! Et quand je dis quelqu'un, Edmond, tu vois ce que je veux dire? Ah! si j'étais homme à me contenter de n'importe quelle créature rencontrée au hasard? Ah! Mais non! Je la voudrais charmante et fine, et puis pas grande, pas trop grande, avec des yeux très beaux! Je lui vois des cheveux châtains, et des mains délicates, avec des ongles rouges! Existe-elle? ...

ELLE: ...

LUI: Peut-être. Mais si je la rencontre, oserai-je lui demander vingt-quatre heures de sa vie? ... Crois-tu, mon cher Edmond, qu'elle voudra consentir à me faire visiter ce beau château d'Amboise? Et si elle y consent, crois-tu, pour l'en remercier, qu'il me sera possible de lui offrir le petit manteau de vison que j'ai vu tout à l'heure dans la vitrine d'un magasin qui se trouve sur la place de la Cathédrale, à gauche, en arrivant par la rue Gambetta; le crois-tu, cher Edmond?

ELLE: Je vous demande pardon ... Est-ce que je puis me permettre de donner un petit coup de téléphone?

LUI: Mais ... je vous en prie, mademoiselle.

ELLE: Allô ... Le portier, s'il vous plaît. Le portier? Donnez-moi tout de suite le commissaire de police, je vous prie. Allô ... Allô ... Allô? C'est toi, papa? Dis donc ... figure-toi que le patron m'envoie pendant vingt-quatre heures à Amboise. Je ne peux malheureusement pas refuser. Bien sûr. Alors, sois gentil, dis à maman qu'elle me prépare mon petit sac de voyage. Non, ce n'est pas la peine, j'ai ce qu'il faut comme manteau. Merci, papa, excuse-moi. (*Elle raccroche.*) Oui, papa est commissaire de police. (*Elle reprend la lettre.*) Alors, nous en étions à . . . ce petit magasin qui est à gauche en arrivant par la rue Gambetta. On s'arrête là, hein?

LUI: Oui.

ELLE: Et comme formule de politesse? Vous l'embrassez?

LUI: Oh! je veux bien.

ELLE: Moi aussi. (*Il l'embrasse.*)

RIDEAU

JACQUES OU LA SOUMISSION
(1950)
by Eugène Ionesco

Eugene Ionesco (1912 –)
*Major absurdist: man alone, doomed to die while material
world lives on; such a life dominated by death can only be
absurd; only two responses possible – laughter and terror.
Language as instrument of alienation, not communication,
hence absurdity of playwright. Observable, exterior reality,
less real than subjective reality; use of dream, illogical
(non-rational) association, non-sequential event, exaggeration
of effect. Arguably failed in full-length form, masterly in
one-act form.*

COMEDIE NATURALISTE

PERSONNAGES

JACQUES.
JACQUELINE, sa sœur.
JACQUES, père.
JACQUES, mère.
JACQUES, grand-père.
JACQUES, grand-mère.
ROBERTE I ⎰ les deux rôles doivent être
ROBERTE II ⎱ joués par la même actrice.
ROBERT, père.
ROBERT, mère.

*Décor sombre, en grisaille. Une chambre mal tenue. Une
porte étroite, assez basse, au fond à droite. Au fond, au
milieu, une fenêtre – d'où nous vient une lumière blême –
aux rideaux sales. Un tableau ne représentant rien; un vieux
fauteuil usé, poussiéreux, au milieu de la scène; une table de
nuit; des choses indéfinies, à la fois étranges et banales,
comme des vieilles pantoufles; peut-être, un canapé défoncé,
dans un coin; des chaises boiteuses.*

*Au lever du rideau, effondré sur le fauteuil également
effondré, Jacques,* le chapeau sur la tête, *dans des vêtements
trop petits pour sa taille, est là, l'air renfrogné, rosse. Autour
de lui, ses parents, debout ou peut-être bien assis. Les
vêtements des personnages sont fripés.*

*Le décor sombre du début devra, dans la scène de la
séduction, se transformer, par l'éclairage; puis deviendra
verdâtre, aquatique, vers la fin de la même scène; puis
s'obscurcira davantage, tout à la fin.*

Sauf Jacques, les personnages peuvent porter des masques.

JACQUES mère, *pleurant*: Mon fils, mon enfant, après tout
ce que l'on a fait pour toi. Après tant de sacrifices! Jamais je
n'aurais cru cela de toi. Tu étais mon plus grand espoir . . . Tu
l'es encore, car je ne puis croire, non je ne puis croire, 'Per
Bacco', que tu t'obstineras! Tu n'aimes donc plus tes
parents, tes vêtements, ta sœur, tes grands-parents! ! ! Mais

songe donc, mon fils, songe que je t'ai nourri au biberon, je te laissais sécher dans tes langes, comme ta sœur d'ailleurs . . . (*A Jacqueline.*) N'est-ce pas ma fille?

JACQUELINE: Oui, m'an, c'est vrai. Ah, après tant de sacrifices, et tant de sortilèges!

JACQUES mère: Tu vois . . ., tu vois? C'est moi, mon fils, qui t'ai donné tes premières fessées, non pas ton père, ici présent, qui eût pu le faire mieux que moi, il est plus fort, non, c'était moi, car je t'aimais trop. C'est encore moi qui te privais de dessert, qui t'embrassais, te soignais, t'apprivoisais, t'apprenais à progresser, transgresser, grasseyer, qui t'apportais de si bonnes choses à manger, dans des chaussettes. Je t'ai appris à monter les escaliers quand il y en avait, à te frotter les genoux avec des orties, quand tu voulais être piqué. J'ai été pour toi plus qu'une mère, une véritable amie, un mari, un marin, une confidente, une oie. Je n'ai reculé devant aucun obstacle, devant aucune barricade, pour satisfaire tous tes plaisirs d'enfant. Ah, fils ingrat, tu ne te rappelles même pas quand je te tenais sur mes genoux, et t'arrachais tes petites dents mignonnes, et les ongles de tes orteils pour te faire gueuler comme un petit veau adorable.

JACQUELINE: Oh! qu'ils sont gentils les veaux! Meuh! Meuh! Meuh!

JACQUES mère: Dire que tu te tais, têtu! Tu ne veux rien entendre.

JACQUELINE: Il se bouche les oreilles, il prend un air dégoûtanté.

JACQUES mère: Je suis une mère malheureuse. J'ai mis au monde un mononstre; le mononstre, c'est toi! Voilà ta grand-mère qui veut te parler. Elle trébuche. Elle est octogénique. Peut-être te laisseras-tu émouvoir, par son âge, son passé, son avenir.

JACQUES grand-mère, *d'une voix octogénique*:   Ecoute, écoute-moi bien, j'ai de l'expérience, j'en ai beaucoup à l'arrière. J'avais moi aussi, comme toi, un arrière-oncle qui avait trois habitations: il donnait l'adresse et les numéros de téléphone de deux d'entre elles mais jamais de la troisième où il se cachait, parfois, car il était dans l'espionnage. (*Jacques se tait obstinément.*) Non, je n'ai pas pu le convaincre. Oh! pauvres de nous!

JACQUELINE: Voilà encore ton grand-père qui voudrait te parler. Hélas, il ne peut pas. Il est beaucoup trop vieux. Il est centagenaire!

JACQUES mère, *pleurant*:   Comme les Plantagenets!

JACQUES père: Il est sourd et muet. Il est chancelant.

JACQUELINE: Il chante, seulement.

JACQUES grand-père, *d'une voix de centagenaire*:   Hum! Hum! Heu! Heu! Hum!

Eraillé mais poussé.

Un ivrogne char-ar-mant
Chant-tait-à-l'agoni-i-ie . . .
Je n'ai plus dix-hu-u-it-a-ans
Mais tant-tant-pi-i-i-e.

Jacques se tait obstinément.

JACQUES père: Tout est inutile, il ne fléchira pas.

JACQUELINE: Mon cher frère . . tu es un vilenain. Malgré tout l'immense amour que j'ai pour toi, qui gonfle mon cœur à l'en faire crever, je te déteste, je t'exertre. Tu fais pleurer maman, tu énerves papa avec ses grosses moustaches moches d'inspecteur de police, et son gentil gros pied poilu plein de cors. Quant à tes grands-parents regarde ce que tu en as fait. Tu n'es pas bien élevé. Je te punirai. Je ne t'amènerai plus mes petites camarades pour que tu les regardes quand elles font pipi. Je te croyais plus poli que ça. Allons, ne fais pas pleurer maman, ne fais pas rager papa. Ne fais pas rougir de honte grand-mère et grand-père.

JACQUES père: Tu n'es pas mon fils. Je te renie. Tu n'es pas digne de ma race. Tu ressembles à ta mère et à sa famille d'idiots et d'imbéciles. Elle, ça ne fait rien, car elle est une femme, et quelle femme! Bref, je n'ai pas à faire ici son égloge. Je voulais seulement te dire ceci: élevé sans reproches, comme un aristocrave, dans une famille de véritables sang-sues, de torpilles authentiques, avec tous les égards dus à ton rang, à ton sexe, au talent que tu portes, aux veines ardentes qui savent exprimer — si du moins tu le voulais, tout ce que ton sang lui-même ne saurait suggérer qu'avec des mots imparfaits — toi, malgré tout ceci, tu te montres indigne, à la fois de tes ancêtres, de mes ancêtres, qui te renient au même titre que moi, et de tes descendants qui certainement ne verront jamais le jour et préfèrent se laisser tuer avant même qu'ils n'existent. Assassin! Praticide! Tu n'as plus rein à m'envier. Quand je pense que j'ai eu l'idée malheureuse de désirer un fils et non pas un coquelicot! (*A la mère.*) C'est ta faute!

JACQUES mère: Hélas! mon époux! j'ai cru bien faire! Je suis complètement et à moitié désespérée.

JACQUELINE: Plauvre maman!

JACQUES père: Ce fils ou ce vice que tu vois là, qui est venu au monde pour notre honte, ce fils ou ce vice, c'est encore une de tes sottes histoires de femme.

JACQUES mère: Hélas! Hélas! (*A son fils.*) Tu vois, à cause de toi je souffre tout ça de la part de ton père qui ne mâche plus ses sentiments et m'engueule.

JACQUELINE, *à son frère*:   Aux châtaignes on te le pan dira on te le pan dis-le aux châtaignes.

JACQUES père: Inutile de m'attarder à m'attendrir sur un destin irrévocablement capitonné. Je ne reste plus là. Je veux demeurer digne de mes aïeufs. Toute la tradition, toute, est avec moi. Je fous le camp. Doudre!

JACQUES mère: Oh! Oh! Oh! ne t'en va pas. (*A son fils.*) Tu vois, à cause de toi, ton père nous quitte.

JACQUELINE, *en soupirant*:   Marsipien!

JACQUES grand-père, *chanté*:   Un . . . ivro . . . ogne . . . charmant . . . Chantait . . . en . . . murmur . . . a . . . ant.

JACQUES grand-mère, *au vieux*: Tais-toi. Tais-toi ou je te la casse!
Coup de poing sur la tête du vieux; sa casquette s'enfonce.

JACQUES père: Irrévocablement, je quitte cette pièce à tout hasard, à son sort. Rien à faire non plus. Je vais dans ma chambre à côté, je plie bagages et ne me reverrez qu'aux heures des repas et quelquefois dans la journée et dans la nuit pour y goûter. (*A Jacques.*) Et tu me le rendras ton carquois! Dire que tout cela c'est pour faire jubiler Jupiter!

JACQUELINE: Oh! père ... C'est l'obnubilation de la puberté.

JACQUES père: Suffit! inutile. (*Il s'en va.*) Adieu, fils de porc et de porche, adieu femme, adieu frère, adieu sœur de ton frère.
Il sort d'un pas violemment décidé.

JACQUELINE, *amèrement*: De porche en porche! (*A son frère.*) Comment peux-tu tolérer cela? Il l'insulte en s'insultant. Et vice-versa.

JACQUES mère, *au fils*: Tu vois, tu vois, tu es renié, maudit. Il te léguera donc tout l'héritage, mais il ne pourra pas, mon Dieu!

JACQUELINE, *à son frère*: C'est la première fois, sinon la dernière, qu'il fait une pareille scène à maman, dont je ne sais plus comment nous allons nous en sortir.

JACQUES mère: Fils! fils! écoute-moi. Je t'en supplie, ne réponds pas à mond brave cœur de mère, mais parle-moi, sans réfléchir à ce que tu dis. C'est la meilleure façon de penser correctement, en intellectuel et en bon fils. (*Elle attend vainement une réponse; Jacques, obstinément, se tait.*) Mais tu n'es pas un bon fils. Viens, Jacqueline, toi qui, seule, a suffisamment de bon sens pour ne pas te frapper dans les mains.

JACQUELINE: Oh! mère, tous les chemins mènent à Rome.

JACQUES mère: Laissons ton frère à sa consumption lente.

JACQUELINE: Ou plutôt à sa consombrition!

JACQUES mère, (*elle s'en va en pleurant, tirant par la main sa fille Jacqueline qui part à contre-cœur, tournant sa tête du côté de son frère. Jacques mère, à la porte, prononce cette phrase désormais historique*):   On parlera de toi dans les journaux, actographe!

JACQUELINE: Brocanteur!
Elles sortent toutes les deux suivies de grand-père et de grand-mère, mais tous restent à épier, dans l'embrasure de la porte, visibles de la salle.

JACQUES grand-mère: Attention . . . à son téléphon, c'est tout ce que je puis vous dire.

JACQUES grand-père, *chante en chancelant*:
Mal-pro-o-o-pre-mais honnête . . .
L'ivr-o-o-gne chantait . . .
Il sort.

JACQUES (*seul, il se tait un long moment, absorbé dans ses pensées, puis, grave*):   Mettons que je n'ai rien dit, pourtant, que me veut-on?
Silence. Au bout d'un long moment, Jacqueline revient. Elle se dirige vers son frère d'un air convaincu et profond, s'approche de lui, le fixe dans les yeux, et dit:
JACQUELINE: Ecoute-moi, mon cher frère, cher confrère, et cher compatriote, je vais te parler entre deux yeux frais de frère et sœur. Je viens à toi une dernière fois, qui ne sera certainement pas la dernière, mais que veux-tu, tant pis aller. Tu ne comprends pas que je suis envoyée vers toi, comme une lettre à la poste, timbrée, timbrée, par mes voix aériennes, bon sang!
Jacques reste sombre.

JACQUES: Hélas, bon sang ne peut mentir!

JACQUELINE (*elle a compris*):   Ah, enfin! le voilà le grand mot lâché!

JACQUES, *désespéré, de l'air le plus navré*:   Montre-toi digne sœur d'un frère tel que moi.

JACQUELINE: Loin de moi cette faute. Je vais t'apprendre une chose: je ne suis pas une abracante, il n'est pas une abracante, elle n'est pas une abracante, toi non plus tu n'es pas une abracante.

JACQUES: Et alors?

JACQUELINE: Tu ne me comprends pas parce que tu ne me suis pas. C'est bien simple.

JACQUES: Tu crois! Pour vous, les sœurs, les heures ne comptent guère, mais que de temps perdu!

JACQUELINE: Il ne s'agit pas de cela. Ces histoires ne me regardent pas. Mais l'Histoire nous regarde!

JACQUES: O paroles, que de crimes on commet en votre nom!

JACQUELINE: Je vais tout te dire en vingt-sept mots. Voici, et tâche de te souvenir: tu es chronométrable.

JACQUES: Et le reste?

JACQUELINE: C'est tout. Les vingt-sept mots sont compris, ou comprises, dans ces trois-là, selon leur genre.

JACQUES: Chro-no-mé-trable! (*Effrayé, cri d'angoisse.*) Mais, ce n'est pas possible! ce n'est pas possible!
Il se lève, marche fiévreusement d'un bout à l'autre de la scène.

JACQUELINE: Si pourtant, il faut en prendre son parti.

JACQUES: Chronométrable! chronométrable! Moi? (*Il se calme peu à peu, se rassoit, réfléchit longuement, effondré dans son fauteuil.*) Ce n'est pas possible; et si c'est possible, cela est affreux. Mais, alors, je dois. Cruelle indécision! ...
L'état civil n'est pas dans le coup. Affreux, affreux! Toute la loi s'insurge contre elle-même quand on ne la défend pas.
Jacqueline, souriant d'un air triomphant, le laisse à son agitation: sur la pointe des pieds, elle sort. A la porte, Jacques mère, à voix basse:

JACQUES mère: Le système a réussi?

JACQUELINE, *un doigt sur les lèvres*: Chut! ma chère maman! Attendons, attendons, le résultat de l'opération. *Elles sortent. Jacques est agité, il va prendre une décision.*

JACQUES: Tirons-en les circonstances, les ficelles m'y obligent! C'est dur, mais c'est le jeu de la règle. Elle roule dans ces cas-là. (*Débat de conscience muet. Seulement de temps à autre: 'Chro-no-mé-trable, chro-no-mé-trable?' Puis, finalement excédé, très haut*:) Eh bien oui, oui, na, j'adore les pommes de terre au lard!

Jacques mère, Jacqueline, qui épiaient et n'attendaient que ça, vivement, exultant, suivies des vieux Jacques, s'approchent.

JACQUES mère: Oh, mon fils, tu es vraiment mon fils!

JACQUELINE, *à la mère*: Je te l'avais dit que mon idée lui ferait prendre pied.

JACQUES grand-mère: J'avais bien dit que pour faire bouillir les carottes quand elles sont encore sottes, il faut . . .

JACQUES mère, *à sa fille*: Petite renarde, va! (*Elle embrasse son fils qui se laisse faire sans plaisir.*) Mon enfant! C'est bien vrai, tu aimes donc les pommes de terre au lard? Quelle joie!

JACQUES, *sans conviction*: Mais oui, je les aime, je les adore!

JACQUES mère: Je suis heureuse, je suis fière de toi! Répète mon petit Jacques, répète pour voir.

JACQUES, *comme un automate*:

> J'adore les pommes de terre au lard!
> J'adore les pommes de terre au lard!
> J'adore les pommes de terre au lard!

JACQUELINE, *à sa mère*: Tu en as de la tête! N'use pas ton enfant si tu es vraiment une mère maternelle. Oh, ça fait chanter grand-père.

JACQUES grand-père, *chantant*:

> Un ivro-o-gne cha-ma-nir-te chantait une chanson
> mélan-co-li-lique et so-o-ombre
> pleine de joie et de lumi-i-ière . . .

Laissez . . . les . . . petits . . . enfants
S'amu-mu-ser sans ri-i-ire
Ils . . . auront bien le temps
De cour . . . cour . . . courir
Après les femmes-femmes-e-s!

JACQUES mère, *en direction de la porte*:   Gaston, viens donc! Ton fils, ton fils adore les pommes de terre au lard!

JACQUELINE, *de même*:   Viens papa, il vient de dire qu'il adore les pommes de terre au lard!

JACQUES père, *entrant, sévère*:   C'est bien vrai?

JACQUES mère, *à son fils*:   Dis à ton père, mon petit Jacquot, ce que tu as dit tout à l'heure à ta sœur, et à ta petite maman brisée par l'émotion maternelle qui la saccage avec délices.

JACQUES: J'aime les pommes de terre au lard!

JACQUELINE: Tu les adores!

JACQUES père: Quoi?

JACQUES mère: Dis, mon chou.

JACQUES: Les pommes de terre au lard. J'adore les pommes de terres au lard.

JACQUES père, *à part*:   Tout ne serait-il pas perdu? Ce serait trop beau, mais ce ne serait pas trop tôt. (*A sa femme et à sa fille.*) Toute la partition?

JACQUELINE: Mais oui, papa, tu n'as donc pas entendu?

JACQUES mère: Fais-lui confiance à ton fils . . . Ton fils de fils.

JACQUES grand-mère: Le fils de mon fils c'est mon fils . . . et mon fils c'est ton fils. Il n'y a pas d'autre fils.

JACQUES père, *à son fils*:   Mon fils, solennellement, viens dans mes bras. (*Il ne l'embrasse pas.*) Suffit. Je reviens sur mon reniement. Je suis heureux que tu adores les pommes de terre au lard. Je te réintègre à ta race. A la tradition. Au lardement. A tout. (*A Jacqueline.*) Mais il faudra encore qu'il croie aux aspirations régionales.

JACQUES grand-mère: Cela aussi est considérable!

JACQUELINE: Ça viendra papa, patience, t'en fais pas papa!

JACQUES grand-père: L'ivro-o-gne cha-a-manirte!

JACQUES grand-mère, *un coup sur la tête du vieux*: Merde!!!

JACQUES père: Je te pardonne donc. J'oublie, bien involontairement d'ailleurs, toutes tes fautes de jeunesse ainsi que les miennes, et vais, bien entendu, te récupérer au bénéfice de nos œuvres familiales et nationales.

JACQUES mère: Comme tu es bon.

JACQUELINE: Oh, père indigent!

JACQUES père: Entendu, Je digère. (*A son fils.*) Tu percuteras donc. Alors persiste.

JACQUES, *d'une voix éteint*:   J'adore les pommes de terre!

JACQUELINE: Ne perdons pas de temps.

JACQUES mère, *à son mari*:   Gaston, dans ce cas-là, s'il en est ainsi, on pourrait le marier. Nous attendions tout simplement qu'il fasse amende honorable, plutôt deux qu'une, ce qui est fait. Jacques, tout est en règle, le plan prévu à l'avance est déjà réalisé, les noces sont toutes préparées, ta fiancée est là. Ses parents aussi. Jacques, tu peux rester assis. Ton air résigné me satisfait. Mais sois poli jusqu'aux ongles . . .

JACQUES: Ouf! Oui!

JACQUES père (*il tape des mains*):   Que la fiancée entre donc!

JACQUES: Oh! c'est le signal convenu!
Entrée de Roberte la fiancée, de son père, Robert père, de sa mère Robert mère. C'est d'abord Robert père qui entre, gros, gras, majestueux, puis la mère, bonne boule, tout épaisse; puis les parents s'écartent pour laisser passer Roberte elle-même, qui s'avance entre son père et sa mère; elle est en

robe de mariée; sa voilette blanche cache sa figure; son entrée doit faire sensation; Jacques mère, joyeusement, croise les mains; éblouie, elle lève les bras au ciel, puis va près de Roberte, la regarde de près, la touche d'abord timidement, puis la pelote avec vigueur et enfin la flaire; les parents de Roberte l'encouragent avec des gestes amicaux et empressés; la grand-mère aussi doit flairer la mariée, le grand-père aussi, en chantant: 'Trop-op vieux! . . . ivro . . . gne . . . che . . . ma . . . nirte . . . ' Le père Jacques aussi. Jacqueline, à l'apparition de Roberte, tapera gaiement ses mains l'une contre l'autre, et s'écriera:

JACQUELINE: L'avenir est à nous!
Puis, s'approchant de Roberte, soulèvera sa robe, criera dans son oreille, et, enfin, la flairera. Le comportement de Jacques père sera plus digne et plus retenu; il échangera tout de même des coups d'œil et des gestes gaillards avec Robert père; quant à Robert mère, à la fin de la scène, elle se trouvera immobile au premier plan, à gauche, un large sourire béat sur les lèvres; le vieux grand-père fait des gestes égrillards, indécents, voudrait en faire plus, est empêché par la vieille grand-mère qui dit:

JACQUES grand-mère: Dis . . . donc . . . non . . . mais . . . dis . . . donc . . . tu me rends . . . ja . . . louse!
Seul Jacques, pendant que les autres reniflent Roberte, ne semble nullement impressionné, toujours assis, impassible; il lâche un seul mot de mépris, à part:

JACQUES: Savoyarde!

ROBERTE mère, *entendant cette appréciation, a l'air légèrement intriguée, mais ce n'est qu'une inquiétude très fugitive, et elle se remet à sourire. Elle fait signe à Roberte de s'approcher de Jacques; celle-ci est timide, ne vient au premier plan que conduite, presque traînée par Robert père, poussée par Jacques mère et Jacqueline. Jacques ne fait toujours aucun mouvement, il garde sa figure immobile.*

JACQUES père (*il se rend compte que quelque chose ne va pas; il reste un peu à l'écart, les mains sur les hanches, murmurant*):   Au moins, je ne serai pas pris au dépourvu!

Autour de Jacques fils, Robert père détaille sa fille, aidé de Jacqueline, Jacques mère, Robert mère et les grands-parents.

ROBERT père: Elle a des pieds! Ils sont truffés!
Jacqueline soulève la robe de la mariée pour que Jacques en soit convaincu.

JACQUES (*léger haussement d'épaule*):   C'est naturel!

JACQUELINE: Mais c'est pour marcher.

JACQUES mère: Pour marcher!

JACQUES grand mère: Dame oui, et pour te chapatouiller.

ROBERT mère, *à sa fille*:   Voyons, prouve-le.
Roberte marche en effet avec ses pieds.

ROBERT père: Elle a de la main! . . .

ROBERT mère: Montre.
Roberte montre à Jacques une main, lui fourre ses doigts presque dans les yeux.

JACQUES grand-mère (*on ne l'écoute pas*):   Voulez-vous un conseil?

JACQUELINE: Pour torchonner . . .

JACQUES: En effet! en effet! . . . Je m'en doutais bien, quand même.

ROBERT père: Des orteils.

JACQUELINE: Pour se les écraser! . . .

JACQUES mère: Mais oui, mon enfant!

ROBERT père: Des aisselles.

JACQUELINE: Pour les vaisselles?

JACQUES mère: Mais bien sûr.

JACQUES grand-mère (*on ne l'écoute pas*):   Voulez-vous un conseil?

ROBERT mère: Et quels mollets! de véritables mollets!

JACQUES grand-mère: Dame oui, comme de mon temps!

JACQUES, *désintéressé*:   Mélanchton faisait mieux!

JACQUES grand-père, *chante*:
        Un ivor . . . o . . . gne chamanirte . . .

JACQUES grand-mère: Mais (*au vieux*) fais-moi la cour, t'es mon mari!

JACQUES père: Ecoute-moi bien, mon fils. J'éspère que tu as compris.

JACQUES, *résigné, acquiesce*:   Oh   oui,   bien   sûr . . . j'oubliais . . .

ROBERT père: Elle a des hanches . . .

JACQUES mère: Mais oui, c'est pour mieux te manger, mon enfant!

ROBERT père: Et puis des boutons verts sur sa peau beige; des seins rouges sur fond mauve; un nombril enluminé; une langue à la sauce tomate; des épaules pannées, et tous les biftecks nécessaires à la meilleure considération. Que vous faut-il encore?

JACQUES grand-père, *chante*:   Un ivro . . . o . . . gne . . . cha . . . ma . . . nirte . . .

JACQUELINE, *hoche la tête, lève et laisse tomber ses bras*:   Ah! quel frère m'a-t-on-collé!

JACQUES mère: Il a toujours été difficile. J'ai eu du mal à l'élever. Il n'aimait que le rilala.

ROBERT mère: Mais ma bonne, c'est incompréhensible, c'est incroyable! Je n'aurais jamais pensé! Si je l'avais su à temps, on aurait pris des précautions . . .

ROBERT père, *fier, un peu blessé*:   C'est notre fille unique.

JACQUES grand-père, *chante*:   Un ivro . . . gne . . . cha . . . a . . . ma . . . nirte!

JACQUES mère: Ça m'afflige!

JACQUES père: Jacques, c'est mon dernier avertissement!

JACQUES grand-mère: Voulez-vous un conseil?

JACQUES: Bon. Alors d'accord! Ça marchera avec les pommes de terre.
Soulagement général, effervescence, congratulations.

JACQUELINE: Ses sentiments distingués finissent toujours par prendre le dessus.
Elle sourit à Jacques.

JACQUES père: Une simple question, à mon tour. Ne la prenez pas mal.

ROBERT père: Mais non, c'est différent. Dites.

JACQUES père: Une seule incertitude: est-ce qu'il y a les troncs?

JACQUES grand-père, *égrillard*:   Hi . . . Hii . . .

ROBERT mère: Ah ça . . .

JACQUES mère: C'est peut-être trop demander.

ROBERT père: Je crois . . . heu . . . oui . . . ils doivent y être . . . mais je ne saurais vous dire . . .

JACQUES père: Et où donc?

JACQUELINE: Mais papa, voyons, dans les troncs, papa, voyons!

JACQUES père: Parfait. C'est parfait. Pleinement satisfait. D'accord.

JACQUES grand-mère: Voulez-vous un conseil?

ROBERT mère: Ah . . . heureusement!

ROBERT père: Je savais que tout irait bien!

JACQUES   grand-père, *chante*:
Un . . . ivor . . . gne . . . chamanirte . . . Dans les rues de Paris
                                         (valse).

JACQUES mère: En somme, vous n'auriez rien à craindre, c'est le crâne de la crème!

JACQUES père, *à son fils*:   Bon! le marché est conclu. L'élue malgré toi de ton cœur!

JACQUES mère: Le mot cœur me fait toujours pleurer.

ROBERT mère: Moi aussi, ça m'attendrit.

ROBERT père: Ça m'attendrit d'un œil, ça me fait pleurer des deux autres.

JACQUES père: C'est la véracité!

JACQUELINE: Oh, il ne faut pas s'étonner. Tous les parents sentent ainsi. C'est une sorte de sensibilité proprement dite.

JACQUES père: Ça nous regarde!

JACQUELINE: Ne te fâche pas, papa. Je disais ça inconsciemment. Mais à bon escient.

JACQUES grand-mère: Voulez-vous un conseil?

JACQUES père: Oh, ma fille sait toujours arranger les choses! c'est son métier, d'ailleurs.

ROBERT mère: Quel est son métier?

JACQUES mère: Elle n'en a pas, chère!

ROBERT père: C'est bien naturel.

JACQUES père: Cela n'est pas si naturel que cela. Mais c'est de son âge. (*Changeant de ton.*) Enfin bref. Mettons les fiancés face à face. Et voyons la face de la jeune mariée. (*A Robert père et mère.*) Ce n'est qu'une simple formalité.

ROBERT père: Je vous en prie, c'est normal, faites.

ROBERT mère: On allait vous le proposer.

JACQUES grand-mère, *fâchée*:   Voulez-vous un conseil! . . . Crotte! alors!

JACQUELINE: Allons, alors, la face de la mariée!
Robert père écarte le voile blanc qui cachait le visage de Roberte. Elle est toute souriante et a deux nez; murmures d'admiration, sauf Jacques.

JACQUELINE: Oh! Ravissant!

ROBERT mère: Qu'est-ce que vous en dites?

JACQUES père: Ah, si j'avais vingt ans de moins!

JACQUES grand-père: Et moi . . . . ah . . . euh . . . et moi!

ROBERT père: Ha, ah, vingt ans au numéro!   . . . A l'espagnolette!

JACQUES père: Autant que possible!

JACQUES mère: Vous devez en être fière. Vous en avez, de la chance. Ma fille n'en a qu'un! ! !

JACQUELINE: Ne t'en fais pas, maman.

JACQUES père, *à Jacqueline*:   C'est la faute de ta mère.

JACQUES mère: Ah, Gaston, toujours des reproches!

JACQUELINE: C'est pas le moment, papa, un si beau jour!

ROBERT père, *à Jacques*:   Vous ne dites rien? Embrassez-la!

JACQUES grand-mère: Ah, mes petits enfants . . . Voulez-vous un conseil?   . . . ah . . . crotte!

ROBERT mère: Ça va être charmant! Oh, mes enfants!

JACQUES mère, *à Jacques*:   Tu es heureux, n'est-ce pas?

JACQUES père, *à Jacques*:   Enfin, te voilà un homme. Mes frais seront remboursés.

ROBERT mère: Allons, mon gendre.

JACQUELINE: Allons, mon frère, ma sœur.

ROBERT père: Vous vous entendrez bien, tous les deux.

JACQUES mère, *à Gaston*:   Oh, ils sont vraiment faits l'un pour l'autre, ainsi que tout ce que l'on dit en pareille occasion! (*Robert père et mère, Jacques père et mère ainsi que Jacqueline disent:*) Oh! mes enfants!
Ils applaudisent enthousiastes.
JACQUES grand-père: Un ivro-ogne . . . cha . . . a . . . manirte!

JACQUES: Non! non! Elle n'en a pas assez! Il m'en faut une avec trois nez. Je dis: trois nez, au moins!
        Stupéfaction générale, consternation.

JACQUES mère: Oh! qu'il est vilain!

JACQUELINE (*elle console sa mère, tout en s'adressant à son frère*):   Tu ne penses pas aux mouchoirs qu'il lui faudrait, en hiver?

JACQUES: C'est mon moindre souci. D'ailleurs, ils seraient compris dans la dot.
Pendant tout ce temps, Roberte ne comprend rien à ce qui se passe. Les grands-parents sont en dehors de l'action. De temps en temps, le vieux veut chanter; la vieille, donner un conseil. Entre temps, ils dansent, miment vaguement l'action.

JACQUES père: Je prends ma valise! Je prends ma valise! (*à son fils.*) Tes sentiments distingués ne prennent donc plus le dessus! Insensé! Ecoute-moi bien: la vérité n'a que deux faces mais son troisième côté vaut mieux! J'ai dit! D'autre part, je m'y attendais.

ROBERT mère: C'est ennuyeux ... C'est ennuyeux ... mais pas tellement ... si ça n'est que ça, tout peut encore s'arranger!

ROBERT père, *jovial*:   Ça ne fait rien, il n'y a pas de mal messieurs-dames. (*Il frappe Jacques toujours crispé sur les épaules.*) Nous avions prévu cet incident. Nous avons à votre disposition une seconde fille unique. Et celle-là, elle a ses trois nez au complet.

ROBERT mère: Elle est trinaire. En tout d'ailleurs. Et pour tout.

JACQUES mère: Ah! ça me soulage! ... c'est que l'avenir des enfants ... Bravo, tu entends, Jacques?

JACQUELINE: Entends-tu, choux-fleur!

JACQUES père: Essayons encore. Mais je n'y crois plus beaucoup. Si vous y tenez ...
Il jette à son fils des regards pleins de colère.

JACQUES mère: Oh, Gaston, ne dis pas cela. J'ai bon espoir. Ça s'arrangera.

ROBERT père: Ne craignez rien. Vous allez voir. (*Il prend*

Roberte par la main, la fait sortir: il tourne la tête.) Vous allez voir.

Jacques père est mécontent; Jacques mère, inquiète, mais espérant, regarde du côté de son fils; Jacqueline est sévère et regarde son frère d'un air désapprobateur. Roberte mère est souriante.

ROBERTE, *avant de disparaître*:   Au revoir, assistance!
                    Révérence.

JACQUES mère: Qu'elle est mignonne, pourtant!

ROBERT mère: Ça ne fait rien, je vous dis. L'autre, vous allez voir, vous ne vous en plaindrez pas non plus.

JACQUES: Une à trois nez! Au moins une à trois nez! Ce n'est tout de même pas si difficile que ça.

JACQUELINE: Le myosotis n'est pas un tigre ... c'est tout dire.

Robert père revient, tenant par la main Roberte II, pareillement vêtue – le rôle doit d'ailleurs être joué par la même actrice – la figure aux trois nez découverte.

JACQUELINE: Emouvante! Oh frère! Oh frère, cette fois tu ne pourras prétendre plus!

JACQUES mère: Oh, mon enfant! mes enfants! (*A Robert mère.*) Vous devez en être bougrement fière!

ROBERT mère: Un peu, beaucoup, pas mal! ... bien entendu!

ROBERT père, *s'approchant de Jacques, tenant sa fille par la main*:   Alors, mon cher, vous avez de la chance. En bouteille! Votre désir est particulièrement exaucé. La voilà, la voilà, votre fiancée à trois nez!

ROBERT mère: La voilà, votre fiancée à trois nez.

JACQUELINE: La voilà donc, la voici donc ...

JACQUES mère: Mon chou, tu la vois, elle est à toi, ta petite mariée à trois nez, telle que tu la voulais!

JACQUES père: Hé quoi, tu ne parles pas? Tu ne la vois

donc pas? La voici, la voilà la femme à ton grand goût avec ses trois nez!

JACQUES: Non, je n'en veux pas. Elle n'est pas assez laide! Elle est même passable. Il y en a de plus laides. J'en veux une beaucoup plus laide.

JACQUELINE: Eh bien alors, qu'est-ce qu'il te faut!

ROBERT père: Ça, c'est trop fort. C'est intolérable. C'est inadmissible.

ROBERT mère, *à Robert père*:   Tu ne vas pas permettre qu'on se moque de ta fille, de ta femme et de toi-même. Oui, on a été attiré là comme dans un piège pour qu'on se paie notre tête!

JACQUES mère, *elle sanglote*:   Ah! ah! mon Dieu! Jacques, Gaston, Jacques, mauvais fils! Si j'avais su, j'aurais dû t'étrangler dans ton dernier berceau, oui, de mes mains maternelles. Ou avorter! Ou ne pas concevoir! Moi, moi, qui étais si heureuse quand j'étais enceinte de toi...d'un garçon...je montrais ta photo à tout le monde, aux voisins, aux flics! ...Ah! Ah! je suis une mère malheureuse...

JACQUELINE: Maman! Maman!
Conseil de la grand-mère. Chanson amorcée du grand-père.

ROBERT père: Ça ne se passera pas comme ça! Ah, ça ne se passera pas comme ça!

ROBERT mère: Ne fais pas un malheur!

ROBERT père: Je demande des réparations, des excuses, des explications, et un lavement total de notre honneur qui ne parviendra cependant plus jamais à l'effacer! ...du moins concurremment...

JACQUES mère: Ah! Ah! Ah! Le mot concurremment m'a toujours fait gémir, car il évoque la concurrence!

JACQUELINE: Maman, maman, ne te tapote pas les cervelles! Ça n'en vaut pas la pelle!

JACQUES père: Que voulez-vous que j'y fasse! C'est le sort qui l'a voulu ainsi. (*A son fils.*) Ton attitude est inqualifable; désormais, tu n'auras plus besoin de respect. N'y compte plus!

JACQUES mère: Ah! Ah! Ah! Ah!

JACQUELINE: Maman, maman, ma patate maman!

JACQUES: Elle n'est pas assez laide!

ROBERT mère: Quel insolent!   (*A Jacques mère.*) C'est honteux, Madame.

JACQUELINE, *à Robert mère*:   Laissez-la!   Elle va se trouver mal.

ROBERT père, *à Jacques*:   Eh ben alors, mon bonhomme, qu'est-ce qu'il te faut! ma fille, ma fille pas assez laide?

ROBERT mère, *à Jacqueline*:   Je m'en fous, si elle se trouve mal, ta mémère!   Tant mio!

ROBERT père, *à Jacques*:   Pas assez laide!   Pas assez laide! L'as-tu bien regardée, as-tu des yeux?

JACQUES: Puisque je vous dis que moi je ne la trouve pas assez moche.

JACQUES père, *à son fils*:   Tu ne sais même pas ce que tu dis!

JACQUES mère: Ah! Ah! Ah!

ROBERT père: Pas assez laide?   Ma fille, ma fille à qui j'ai donné une éducation si compliquée?   Je n'en reviens pas!   Par exemple!

JACQUELINE, *à sa mère*:   Ne t'évanouis pas tout de suite! Attends la fin de la scène!

ROBERT mère: Il faudra réclamer!   Tu demanderas des sanctions!

JACQUES mère, *à Jacqueline*:   La fin de la semaine?

JACQUELINE, *à sa mère*:   Non . . . la scène, de cette scène . . .

JACQUES père: Ça va comme ça!   C'est la faute à personne!

ROBERT mère: C'est votre faute à tous! bande de salauds! crapules! veinards! Boches!

JACQUES mère: Ah! Ah! Ça va être long?

JACQUELINE: Je ne pense pas.

JACQUES mère: Ah! Ah! Ah!

JACQUES: Mais que voulez-vous que j'y fasse, elle n'est pas assez laide. Il en est ainsi et puis c'est tout!

ROBERT mère: Il continue de nous insulter, ce blanc-bec.

JACQUES père: Il n'y connaît rien, aux femmes!

ROBERT père, *à Jacques*: C'est pas la peine de prendre ce petit air photogénique! Tu n'es pas plus malin que nous.

JACQUES: Elle n'est pas moche! Elle n'est pas moche! Elle ne fait même pas tourner le lait . . . elle est même belle . . .

ROBERT mère: As-tu du lait ici pour voir?

ROBERT père: Il ne veut pas, il bleufe. Il sait que le lait tournerait. Ça ne l'arrange pas, le petit salaud! Ça ne se passera pas comme ça. Je vais . . .
   Intervention des grands-parents; conseil, chanson.

ROBERT mère, *à son mari*: Non, je t'en prie Robert-Cornélius, pas de ça ici, pas de sang entre les mains, ne sois pas si assassin, nous nous adresserons directement à la justice . . . au château de justice! . . . avec toutes nos assiettes.

JACQUES père, *d'une voix terrible*: Ça ne me regarde plus! (*A Jacques.*) Je te déshonore à jamais, comme quand tu avais deux ans! (*A tout le monde.*) Et vous aussi, je vous déshonore tous!

JACQUES: Bon. Tant mieux. Ça passera aussi vite.

JACQUES père, *se dirige vers son fils. Un moment de silence très tendu, interrompu par*:

JACQUES mère: Ah! Ah! Ah! . . . Ca-ca-ca-ca! . . .

Elle s'évanouit.
JACQUELINE: Maman! Maman!
De nouveau, silence tendu.

JACQUES père, *à son fils*:   Tu nous as donc menti. Je le soupçonnais. Je ne suis pas dupe. Veux-tu que je te dise la vérité?

JACQUES: Oui, car elle sort par la bouche de ses enfants.

JACQUES père, *à son fils*:   Tu nous as menti tout à l'heure . . .

JACQUELINE, *près de sa mère*:   Maman . . . Ma . . .
Elle s'arrête, tourne la tête, comme tous les autres personnages, du côté des deux Jacques. La mère Jacques revient à elle pour entendre les paroles graves qui vont se dire.

JACQUES père, *à son fils*:   . . . Quand tu nous as déclaré, sur ta conscience, que tu adorais les pommes de terre au lard. Oui, tu nous as ignoblement menti, menti, menti! A la menthe! Ce n'était qu'une ruse indigne des appréciations que nous avons eues tous pour toi dans cette maison aux bonnes traditions, depuis ton enfance. La réalité est bien celle-ci: tu n'aimes pas les pommes de terre au lard, tu ne les as jamais aimées. Tu ne les aimeras jamais! ! !

Stupéfaction; horreur sacrée; recueillement silencieux. Conseil de la grand-mère. Chanson du grand-père.

JACQUES: Je les excècre!

ROBERT père: Quel cynisme!

JACQUELINE: Hélas! A ce point. Mon frère frais!

ROBERT mère: Le fils dénaturé d'une mère et d'un père malheureux!

JACQUES mère: Ooooooh!

JACQUES père: Que ceci donc nous serve de révélation!

JACQUES: Que cela vous serve de révélation ou pas . . . et si cela peut vous servir de révélation: tant mieux pour vous . . . Je n'y puis rien, je suis né comme ça . . . J'ai fait

tout ce qui était en mon pouvoir! ... (*Pause.*) ... Je suis ce
que je suis ...

ROBERT mère, *chuchote*:   Quel cœur insensible! Aucune
fibre sur sa face ne tressaille ...

ROBERT père, *chuchote*:   C'est un étranger intransigeant.
Pire.

*Les personnages, sauf Jacques, se regardent. Ils regardent
aussi Jacques, muet, dans son fauteuil, puis se regardent de
nouveau entre eux, en silence. La dernière réplique de
Jacques fils a créé une atmosphère d'horreur contenue.
Jacques est vraiment un monstre. Sur la pointe des pieds,
tous s'en vont. Roberte II qui, durant cette scène dernière,
n'a pas prononcé un mot, mais qui, par des gestes plutôt
désemparés, une attitude découragée, un affaissement, mon-
trait qu'elle était sensible au déroulement de l'action, est
désorientée. Elle a l'air de vouloir un moment suivre ses
parents. Elle fait un pas vers la sortie, mais un geste de son
père la cloue sur place.*

ROBERT père, *à sa fille*:   Toi ... Monte la garde et fais ton
service!

ROBERT mère, *mélo*:   Reste malheureuse, avec ton amant,
puisque tu es son épouse présumée.

*Roberte II fait un geste de désespoir, mais elle obéit. Jacques
père, Jacques mère, Jacqueline, Robert père. Robert mère
sortent sur la pointe des pieds, horrifiés, jetant de temps à
autre des regards en arrière, s'arrêtant souvent et murmurant:*

"Il n'aime pas les pommes de terre au lard! "
"Non! il ne les aime pas! "
"Il les excècre! "
"Oh, ils se valent tous les deux."
"Ils sont bien taillés l'un pour l'autre."
"Les enfants d'aujourd'hui ... "
"Faut pas compter sur leur reconnaissance."
"Ils n'aiment pas les pommes de terre au lard."

*Ils sortent. Les grands-parents sortent aussi, plus souriants,
étrangers à l'action. Tous resteront à épier derrière la porte,
montrant leur tête, une, deux, ou trois à la fois, très souvent.*

On ne verra que leurs têtes grotesques. Roberte II, timidement, humblement, se décide avec du mal à aller s'asseoir en face de Jacques qui, toujours son chapeua sur la tête, a sa mine renfrognée; silence.

ROBERTE II, *elle essaie de l'intéresser, puis, petit à petit, de le séduire*: Je suis de naturel très gai. (*Elle a une voix macabre.*) Vous vous en apercevriez si vous le vouliez . . . je suis excentrique . . . je suis la gaîté dans le malheur . . . le travail . . . la ruine . . . la désolation . . . ah! ah! ah! . . . le pain, la paix, la liberté, le deuil et la gaîté . . . (*Sanglotant.*) On m'appelait la gaîté à portée de la main . . . la détresse gaie . . . (*Il se tait toujours.*) Vous réfléchissez? moi, aussi, des fois. Mais dans un miroir. (*A un moment donné, elle osera se lever, marcher, s'approcher de Jacques, le toucher, de plus en plus sûre d'elle-même.*) Je suis la gaîté de la mort dans la vie . . . la joie de vivre, de mourir. (*Jacques demeure obstinément silencieux.*) On m'appelait aussi l'aînée gaie . . .

JACQUES: A cause de vos nez?

ROBERTE II: Mais non. C'est parce que je suis plus grande que ma sœur . . . Monsieur.
Il n'y en a pas deux comme moi au monde.
Je suis légère, frivole, je suis profonde.
Je ne suis ni sérieuse, ni frivole,
Je m'y connais en travaux agricoles,
Je fais aussi d'autres travaux,
Plus beaux, moins beaux, aussi beaux.
Je suis juste ce qu'il vous faut.
Je suis honnête, malhonnête,
Avec moi votre vie sera une fête.
Je joue du piano,
Je fais le gros dos,
J'ai une solide instruction.
J'ai reçu une bonne éducation . . .

JACQUES: Parlons d'autre chose!

ROBERTE II: Ah! . . . je vous comprends, vous n'êtes pas pareil aux autres. Vous êtes un être supérieur. Tout ce que je vous ai dit était faux . . . oui . . . voici une chose qui va vous intéresser.

JACQUES: Ça m'intéresse, si c'est la vérité.

ROBERTE II: J'ai voulu prendre un bain. Dans la baignoire
pleine jusqu'au bord, j'ai vu un cochon d'Inde tout blanc qui
s'était installé. Il respirait sous l'eau. Je me suis penchée pour
le voir de plus près: je voyais frémir à peine son museau. Il se
tenait tranquille. J'ai voulu plonger mon bras dans l'eau pour
le saisir, mais j'ai eu trop peur qu'il me morde. On dit que ces
petits animaux-là ne mordent pas, mais on ne peut jamais être
sûr! Il me voyait bien, il m'épiait, il se tenait tout près. Il
avait entrouvert un œil tout petit, et me regardait, immobile.
Il ne paraissait pas vivant. Il l'était cependant. Je le voyais de
profil. J'ai voulu le voir de face. Il leva vers moi sa petite tête
avec ses tout petits yeux, sans bouger son corps. Comme
l'eau était très claire, j'ai pu voir sur son front deux taches
foncées, marron, peut-être. A bien les regarder, je vis qu'elles
gonflaient doucement, deux excroissances ... deux tout
petits cochons d'Inde humides et mous, ses petits qui
poussaient là ...

JACQUES, *froid*:   Ce petit animal dans l'eau, mais c'est le
cancer! C'est tout à fait le cancer que vous avez vu, dans
votre rêve. Tout à fait ça.

ROBERTE II: Je le sais.

JACQUES: Ah! écoutez, vous m'inspirez confiance.

ROBERTE II: Alors, parlez.

JACQUES: Lorsque je suis né, je n'avais pas loin de 14 ans.
Voilà pourquoi j'ai pu me rendre compte plus facilement que
la plupart, de quoi il s'agissait. Oui, j'ai vite compris. Je n'ai
pas voulu accepter la situation. Je l'ai dit carrément. Je
n'admettais pas cela. Ce n'était pas à ceux que vous
connaissez, qui étaient là tout à l'heure, que je disais cela.
C'était aux autres. Ceux que vous connaissez, ils ne compren-
nent pas très bien ... non ... non ... mais ils le sen-
taient ... on m'assura qu'on porterait remède. On me promit
des décorations, des dérogations, des décors, des fleurs
nouvelles, une autre tapisserie, un autre fond sonore. Quoi
encore? J'insistai. Ils me jurèrent de me donner satisfaction.
Ils l'ont juré, rejuré, promesse formelle, officielle, présiden-

tielle. Enregistrée . . . Je fis d'autres critiques pour finalement leur déclarer que j'aimais mieux me retirer, comprenez-vous? Ils me répondirent que je leur manquerais beaucoup. Bref, je posais mes conditions absolues! Ça devait changer, dirent-ils. Ils prendraient les mesures utiles. Ils m'implorèrent d'espérer, faisant appel à ma compréhension, à tous mes sentiments, à mon amour, à ma pitié. Ça ne durerait pas, pas trop longtemps, m'assurèrent-ils. Quant à ma personne, elle devait jouir de la meilleure considération! . . . Pour m'amadouer, on me fit voir des sortes de prairies, des sortes de montagnes, quelques océans . . . maritimes naturellement . . . un astre, deux cathédrales choisies parmi les plus réussies. Les prairies n'étaient pas mal du tout . . . je m'y suis laissé prendre! Tout était truqué . . . Ah, ils m'ont menti. Des siècles et des siècles ont passé! les gens . . . ils avaient tous le mot bonté à la bouche, le couteau sanglant entre les dents . . . Vous me comprenez? J'ai patienté, patienté, patienté. On devait venir me chercher. J'ai voulu protester: il n'y avait plus personne . . . sauf ceux-là, que vous connaissez, qui ne comptent pas. Ils m'ont trompé . . . Et comment sortir? Ils ont bouché les portes, les fenêtres avec du rien, ils ont enlevé les escaliers . . . On ne part plus par le grenier, par en haut plus moyen . . . pourtant, m'a-t-on dit, ils ont laissé un peu partout des trappes . . . Si je les découvrais . . . Je veux absolument m'en aller. Si on ne peut pas passer par le grenier, il reste la cave . . . oui, la cave . . . Il vaut mieux passer par en bas que d'être là. Tout est préférable à ma situation actuelle. Même une nouvelle.

ROBERTE II: Oh oui, la cave . . . Je connais toutes les trappes.

JACQUES: Nous pourrions nous entendre.

ROBERTE II: Ecoutez, j'ai des chevaux, des étalons, des juments, je n'ai que ça, les aimez-vous?

JACQUES: Oui, dites-moi vos chevaux.

ROBERTE II: Dans mon endroit, j'ai un voisin meunier. Il a une jument qui a mis bas deux gentils petits poulains. Tout gentils, tout mignons. La chienne aussi avait mis bas deux petits chiots, dans l'écurie. Le meunier est vieux, il n'a pas de bons yeux. Le meunier prit les poulains pour les noyer dans l'étang, à place des petits chiots . . .

JACQUES: Ah! Ah!

ROBERTE II: Quand il a compris son erreur, c'était trop tard. Il n'a pas pu les sauver.

JACQUES (*un peu amusé, il sourit*):   Oui? Hm.
A mesure que Roberte raconte son histoire, le sourire de Jacques devient un rire largement épanoui, calme encore.

ROBERTE II (*les deux, très lentement au départ; déclamation; le mouvement s'intensifiera progressivement, durant la scène qui va suivre; se ralentira à la fin*):   Non, il n'a pas pu les sauver. Mais ce n'étaient pas les poulains non plus qu'il avait noyés. En effet, de retour à l'écurie, le meunier vit que les poulains étaient là, avec leur maman; les petits chiots étaient toujours là avec leur maman qui aboyait. Mais son propre enfant, son bébé à lui qui venait de naître, n'était plus à côté de la mère, la meunière. C'était donc lui qu'il avait jeté dans l'eau. Il courut vite à l'étang. L'enfant lui tendait les bras et criait: Papa, papa . . . C'était déchirant. On ne vit plus que son petit bras qui disait: Papa, papa! Maman, maman. Et puis il s'engloutit, et ce fut tout. Et ce fut tout. Il ne l'a plus revu. Le meunier devint fou. Tua sa femme. Cassa tout. Le feu mit. Se pendit.

JACQUES, *très satisfait de l'histoire*:   Quelle erreur tragique. Sublime erreur!

ROBERTE II: Mais les poulains folâtrent dans la prairie. Les petits chiots ont bien grandi.

JACQUES: J'aime vos chevaux. Ils sont enivrants. Dites encore un chien, un cheval.

ROBERTE II: Celui qui s'enlise dans le marais, l'enterré vivant que l'on entend bondir, rugir, qui fait trembler sa tombe avant de mourir?

JACQUES: Celui-là ou un autre.

ROBERTE II: Voulez-vous le cheval du désert, de la cité saharienne?

JACQUES, *intéressé, comme malgré lui, et de plus en plus haut*: La métropole du désert! ...

ROBERTE II: Tout en briques, toutes les maisons y sont de briques, les pavés brûlent ... le feu roule par en dessous ... l'air sec, la poussière toute rouge.

JACQUES: Du feu en poussière.

ROBERTE II: Les habitants y sont morts depuis long-temps, les cadavres desséchés dans les maisons.

JACQUES: Derrière les volets fermés. Derrière les grilles de fer rougi.

ROBERTE II: Pas un homme dans les rues vides. Pas une bête. Pas un oiseau. Pas une herbe, fût-elle sèche. Pas un rat, pas une mouche ...

JACQUES: Métropole de mon futur! ...

ROBERTE II: Soudain, au loin; cheval hennissant ... han! han! se rapprochant han! han! han! han!

JACQUES, *soudain heureux*: Oh oui, c'est ça ... Han! han! han!

ROBERTE II: Détale à toute allure, détale à toute allure ...

JACQUES: Haan! haan! haan!

ROBERTE II: Sur la grande place vide, le voilà, le voilà ... Il hennit, fait le tour, au galop, fait le tour, au galop ... fait le tour, au galop, fait le tour au galop.

JACQUES: Han! han! haan! à toute allure, au galop, à toute allure, au galop ... Oh oui, han! han! han! au galop au galop, au plus grand galop.

ROBERTE II: Les sabots: clic clac, clic clac, au galop, jettent des étincelles. Clic ... clac ... clac ... clac ... vrr ...

JACQUES, *riant*: Ah oui, oui, bravo, je sais, je sais ce qui va se passer. Mais vite ... Vite ... la suite ... Bravo ...

ROBERTE II: Il frémit, il a peur ... l'étalon ...

JACQUES: Oui, bravo . . . Il hennit, il hurle de peur, han! . . . Han! . . . Il hurle sa peur, han! han! Dépêchons-nous . . . dépêchons- nous . . .
Une crinière enflammée passe d'un bout à l'autre de la scène.

ROBERTE II: Oh! il n'échappera pas . . . n'ayez crainte . . . Il tourne en rond, galope en rond . . .

JACQUES: Bravo, c'est ça! Je vois . . . Je vois . . . Une étincelle à sa crinière . . . Il secoue la tête . . . Ah! ah! ah! ça le brûle! ça lui fait mal!

ROBERTE II: Il a peur! il galope. Tout en rond. Il se cabre! . . .

JACQUES: Sa crinière s'enflamme! belle crinière . . . Il hurle, il hennit. Han! han! le feu jaillit . . . Sa crinière s'enflamme. Sa crinière brûle. Han! han! Brûle! Brûle! Han! han!

ROBERTE II: Plus il galope, plus il s'allume. Il est fou, il a peur, il a mal, il a mal, il a peur, il a mal . . . il s'allume, il s'embrase tout entier! . . .

JACQUES: Han! han! Il bondit. Oh quels bonds flambants, flambants, flambants! Il hurle, il se cabre. Arrêtez, arrêtez, Roberte. C'est trop vite . . . pas si vite . . .

ROBERTE II, *à part*: Oh . . . il m'a appelée par mon prénom . . . Il va m'aimer!

JACQUES: Il brûle trop vite . . . Ça va finir! . . . Fais durer encore le feu . . .

ROBERTE II: C'est le feu qui va si vite: les flammes sortent des oreilles et des naseaux, l'épaisse fumée . . .

JACQUES: Il hurle de peur, il hurle de douleur. Il bondit tant. Il a des ailes de flammes!

ROBERTE II: Qu'il est beau, il devient tout rose, comme un abat-jour énorme. Il veut fuir. Il s'arrête, il ne sait que faire . . . Ses fers fument et rougissent. Haan! Par sa peau transparente, on voit le feu brûler à l'intérieur. Han! Il flambe! il est une torche, vivante . . . Il reste une poignée de cendres . . . Il n'est plus mais on entend encore au loin l'écho de ses hurlements retentir, et faiblir . . . comme les hennissements d'un autre cheval dans les rues vides.

JACQUES: J'ai la gorge sèche, ça m'a donné soif . . . De l'eau, de l'eau. Ah! comme il flambait, l'étalon . . . que c'était beau . . . quelle flamme . . . ah! (*épuisé*) j'ai soif . . .

ROBERTE II: Viens . . . ne crains rien . . . Je suis humide . . . J'ai un collier de boue, mes seins fondent, mon bassin est mou, j'ai de l'eau dans mes crevasses. Je m'enlise. Mon vrai nom est Elise. Dans mon ventre il y a des étangs, des marécages . . . J'ai une maison d'argile. J'ai toujours frais . . . Il y a de la mousse . . . des mouches grasses, des cafards, des cloportes, des crapauds. Sous des couvertures trempées on fait l'amour . . . on y gonfle de bonheur! Je t'enlace de mes bras comme des couleuvres; de mes cuisses molles . . . Tu t'enfonces et tu fonds . . . dans mes cheveux qui pleuvent, pleuvent. Ma bouche dégoule, dégoulent mes jambes, mes épaules nues dégoulent, mes cheveux dégoulent, tout dégoule, coule, tout dégoule, le ciel dégoule, les étoiles coulent, dégoulent, goulent . . .

JACQUES, *extasié*: Cha-a-armant!

ROBERTE II: Mettez-vous à votre aise. Enlevez ceci (*elle montre le chapeau.*) . . . qui vous couvre. Qu'est-ce que c'est? Ou qui est-ce?

JACQUES, *encore extasié*: Cha-a-armant.

ROBERTE II: Qu'est-ce que c'est, sur votre tête?

JACQUES: Devinez! C'est une espèce de chat. Je le coiffe dès l'aube.

ROBERTE II: C'est un château?

JACQUES: Je le garde toute la journée sur ma tête. A table, dans les salons, je ne l'enlève jamais. Il ne me sert pas à saluer.

ROBERTE II: C'est un chameau? Un chaminadour?

JACQUES: Il donne des coups de pattes, mais il sait travailler la terre.

ROBERTE II: C'est une charrue!

JACQUES: Il pleure quelquefois.

ROBERTE II: C'est un chagrin?

JACQUES: Il peut vivre sous l'eau.

ROBERTE II: C'est un chabot?

JACQUES: Il peut aussi flotter sur l'onde.

ROBERTE II: C'est une chaloupe?

JACQUES: Tout doucement.

ROBERTE II: C'est un chaland?

JACQUES: Il aime parfois vivre caché dans la montagne. Il n'est pas beau.

ROBERTE II: C'est un chalet?

JACQUES: Il me fait rire.

ROBERTE II: C'est une chatouille, ou un chapitre?

JACQUES: Il crie, il me casse les oreilles.

ROBERTE II: C'est un chahut?

JACQUES: Il aime les ornements.

ROBERTE II: C'est un chamarré?

JACQUES: Non!

ROBERTE II: Je donne ma langue au chat.

JACQUES: C'est un chapeau.

ROBERTE II: Oh, enlevez-le. Enlevez-le, Jacques. Mon Jacques. Chez moi, vous serez chez vous. J'en ai, j'en ai tant que vous voudrez, des quantités!

JACQUES: . . . de chapeaux?

ROBERTE II: Non . . . des chats . . . sans peau!

JACQUES: Oh, mon chat . . .
Il enlève son chapeau, il a des cheveux verts.

ROBERTE II: Oh, mon chat . . .

JACQUES: Ma chatte, ma châtelaine.

ROBERTE II: Dans la cave de mon château, tout est chat . . .

JACQUES: Tout est chat.

ROBERTE II: Pour y désigner les choses, un seul mot: chat. Les chats s'appellent chat, les aliments: chat, les insectes: chat, les chaises: chat, toi: chat, moi: chat, le toit: chat, le nombre un: chat, le nombre deux: chat, trois: chat, vingt: chat, trente: chat, tous les adverbes: chat, toutes les prépositions: chat. Il y devient facile de parler . . .

JACQUES: Pour dire: dormons, chérie . . .

ROBERTE II: Chat, chat.

JACQUES: Pour dire: j'ai bien sommeil, dormons, dormons . . .

ROBERTE II: Chat, chat, chat, chat.

JACQUES: Pour dire: apporte-moi des nouilles froides, de la limonade tiède, et pas de café . . .

ROBERTE II: Chat, chat, chat, chat, chat, chat, chat, chat.

JACQUES: Et Jacques, et Roberte?

ROBERTE II: Chat, chat.
Elle sort sa main à neuf doigts qu'elle avait tenue cachée sous sa robe.
JACQUES: Oh oui! C'est facile de parler . . . Ce n'est même plus la peine . . . (*Il aperçoit la main à neuf doigts.*) Oh! vous avez neuf doigts à votre main gauche? Vous êtes riche, je me marie avec vous . . .
Il l'enlace très maladroitement. Il baise les nez de Roberte II, les uns après les autres — tandis que Jacques père, Jacques mère, Jacqueline, les grands-parents, Robert père, Robert mère entrent sans dire un mot, à la suite l'un de l'autre, se dandinant, en une sorte de danse ridicule, pénible, en une ronde molle, autour de Jacques fils et Roberte II qui restent au milieu de la scène, maladroitement enlacés. Robert père

frappe silencieusement, lentement dans ses mains. Robert mère, les bras croisés derrière la nuque, fait des pirouettes, en souriant stupidement. Jacques mère a une figure immobile, remue les épaules, d'une façon grotesque. Jacques père retrousse ses pantalons en marchant sur les talons, Jacqueline hoche la tête, puis ils continuent à danser, accroupis, tandis que Jacques fils et Roberte II s'accroupissent aussi, en demeurant immobiles. Idiotement, les grands-parents tournent en se regardant, et sourient, puis ils s'accroupissent à leur tour. Tout cela doit provoquer chez les spectateurs un sentiment pénible, un malaise, une honte. L'obscurité s'épaissit. Sur la scène, les acteurs poussent de vagues miaulements en tournant, des gémissements bizarres, des croassements. L'obscurité est de plus en plus épaisse. On aperçoit encore les Jacques et les Robert grouiller sur la scène. On entend leurs gémissements de bêtes, puis on ne les voit plus. On n'entend plus que leurs gémissements, leurs soupirs, puis tout disparaît, tout s'éteint. De nouveau, une lumière grise. Tout le monde a disparu, sauf Roberte couchée, ou plutôt accroupie enfouie sous sa robe. On voit seulement sa figure pâle, aux trois nez, se dandeliner, et ses neuf doigts s'agiter comme des reptiles.

Eté 1950.

Rideau

ACTE SANS PAROLES II
(1963)
by Samuel Beckett

Samuel Beckett (1906 -   ).
Impossible not to mention En attendant Godot *(Paris 1953): reversal of western dramatic tradition by creation of 'static' action. After this, obligation to rejoin others, or the self, conflicts with its impossibility (*Endgame, London 1958*); characterises his work by impotence—'the artist's mission is to fail' (*Dialogue with Three Painters .... *) Process of reduction throughout: plot, character, especially language— did away with stage interlocutor in* Krapp's Last Tape *(London 1958), and suppresses dialogue altogether in* Acte sans paroles II *(Institute of Contemporary Arts, London, 1960.)*

Ce mime se joue au fond de la scène sur une plateforme étroite dressée d'une coulisse à l'autre et vivement éclairée sur toute sa longueur.

Des deux personnages le premier A est lent et maladroit (gags lorsqu'il s'habille et se déshabille), le second B précis et vif. De ce fait les deux actions, quoique B ait plus à faire que A, ont à peu près la même durée.

ARGUMENT.

Par terre, côte à côte, à deux mètres de la coulisse droite (par rapport au spectateur), deux sacs, celui de A et celui de B, celui-là à droite de celui-ci, c'est-à-dire plus près de la coulisse. A côté du sac B un petit tas de vêtements (C) soigneusement rangés (veste et pantalon surmontés d'un chapeau et d'une paire de chaussures).

Entre à droite l'aiguillon, strictement horizontal. La pointe s'immobilise à trente centimètres du sac A. Un temps. La pointe recule, s'immobilise un instant, se fiche dans le sac, se retire, reprend sa place à trente centimètres du sac. Un temps. Le sac ne bouge pas. La pointe recule de nouveau, un peu plus que la première fois, s'immobilise un instant, se fiche de nouveau dans le sac, se retire, reprend sa place à trente centimètres du sac. Un temps. Le sac bouge. L'aiguillon sort.

A, vêtu d'une chemise, sort à quatre pattes du sac, s'immobilise, rêvasse, joint les mains, prie, rêvasse, se lève,

rêvasse, sort de la poche de sa chemise une petite fiole
contenant des pilules, rêvasse, avale une pilule, rentre la fiole,
rêvasse, va jusqu'au petit tas de vêtements, rêvasse, s'habille,
rêvasse, sort de la poche de sa veste une grosse carotte
entamée, mord dedans, mâche brièvement, crache avec
dégoût, rentre la carotte, rêvasse, ramasse les deux sacs et les
porte, en titubant sous les poids, au centre de la plateforme,
les dépose, rêvasse, se déshabille (garde sa chemise), jette ses
vêtements par terre n'importe comment, rêvasse, ressort la
fiole, avale une autre pilule, rêvasse, s'agenouille, prie, rentre
à quatre pattes dans le sac et s'immobilise. Le sac A est
maintenant à gauche du sac B.

Un temps.
Entre l'aiguillon, monté sur un premier support à grandes
roues. La pointe s'immobilise à trente centimètres du sac B.
Un temps. La pointe recule, s'immobilise un instant, se fiche
dans le sac, se retire, reprend sa place à trente centimètres du
sac. Un temps. Le sac bouge. L'aiguillon sort.

B, vêtu d'une chemise, sort à quatre pattes du sac, se lève,
sort une grande montre de la poche de sa chemise, la
consulte, la rentre, fait quelques mouvements de gymnas-
tique, consulte de nouveau sa montre, sort une brosse à dents
de sa poche et se brosse vigoureusement les dents, rentre la
brosse, consulte sa montre, se frotte vigoureusement le cuir
chevelu, sort un peigne de sa poche et se peigne, rentre le
peigne, consulte sa montre, va jusqu'aux vêtements, s'habille,
consulte sa montre, sort une brosse à habits de la poche de sa
veste et se brosse vigoureusement les vêtements, enlève son
chapeau, se brosse vigoureusement les cheveux, remet son
chapeau, rentre la brosse, consulte sa montre, sort la carotte
de la poche de sa veste, mord dedans, mâche et avale avec
appétit, rentre la carotte, consulte sa montre, sort de la poche
de sa veste la carte du pays, la consulte, rentre la carte,
consulte sa montre, sort une boussole de la poche de sa veste
et la consulte, rentre la boussole, consulte sa montre, ramasse
les deux sacs et les porte, en titubant sous les poids, à deux
mètres de la coulisse gauche, les dépose, consulte sa montre,
se déshabille (garde sa chemise), fait de ses vêtements un petit
tas identique à celui du début, consulte sa montre, se frotte le

cuir chevelu, se peigne, consulte sa montre, se brosse les dents, consulte et remonte sa montre, rentre à quatre pattes dans le sac et s'immobilise. Le sac B est maintenant de nouveau à gauche du sac A comme au début.

Un temps.

Entre l'aiguillon, monté sur le premier support à roues suivi à quelque distance d'un second identique. La pointe s'immobilise à trente centimètres du sac A. Un temps. La pointe recule, s'immobilise un instant, se fiche dans le sac, se retire, reprend sa place à trente centimètres du sac. Un temps. Le sac ne bouge pas. La pointe recule de nouveau, un peu plus que la première fois, s'immobilise un instant, se fiche de nouveau dans le sac, se retire, reprend sa place à trente centimètres du sac. Un temps. Le sac bouge. L'aiguillon sort. A sort à quatre pattes du sac, s'immobilise, joint les mains prie.

Rideau

Part 4

APPENDIX I (a)

ANALYTIC QUESTIONS ON LE POST-SCRIPTUM

1. How many different types of stage directions do you find (eg relating to decor, language, emotional states) and what is their relevance to the action of the play?
2. *'Savez-vous que vous n'êtes pas poli'* (p 85)—what other lines are there in the play indicating a change in the characters' relationships?
3. If you were staging the play how would you translate into stage movement the dash in front of Mme de Verlière's line: *'—Vous êtes un fier original'* (p 85)? What does it mean when the author uses a dash in the text?
4. Do you attach any dramatic value to the role of *'le domestique'*?
5. How would you defend the view that the soliloquy is a cameo of the whole play by reference to its variety of (a) subject matter (b) emotional tone (c) dramatic balance?
6. The stage effect of her entrance on p 95 is clear enough: what is its *dramatic* effect i.e. on the action of the play?
7. What effect would you say the reversal of roles indicated by *'J'aurais agi comme lui'* (p 96) has on the dramatic development of the play?
8. How does her continued anxiety affect the resolution of the play?
9. What conclusions about form do you draw from a one-acter whose action continues into the future?
10. Do you agree with (a) the emotional (b) the structural development of the play outlined in the following short-hand form?

APPENDIX I (b)

ANALYTIC SHORTHAND FORM OF LE POST-SCRIPTUM

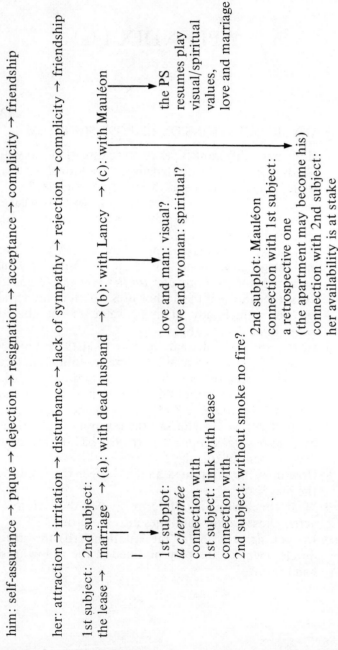

him: self-assurance → pique → dejection → resignation → acceptance → complicity → friendship

her: attraction → irritation → disturbance → lack of sympathy → rejection → complicity → friendship

1st subject: 2nd subject:
the lease →   marriage → (a): with dead husband → (b): with Lancy → (c): with Mauléon

the PS
resumes play
visual/spiritual
values,
love and marriage

love and man: visual?
love and woman: spiritual?

1st subplot:
la cheminée
connection with
1st subject: link with lease
connection with
2nd subject: without smoke no fire?

2nd subplot: Mauléon
connection with 1st subject:
a retrospective one
(the apartment may become his)
connection with 2nd subject:
her availability is at stake

emotional development   structural development

APPENDIX I (c)

CONTEXTUAL QUESTIONS: LE CAVALIER BIZARRE

1. Prepare a design for the stage setting. Is it possible to think of the building in which the play is set as representing different compartments or aspirations of the human mind?
2. What is the first indication of a suspense mechanism? Who or what is the main instrument of suspense?
3. In stage terms, do you feel that the sequence of speaking on the part of the *Vieillards* is too regular to maintain interest? What character differences do you discern in them? Are their differences noticeable too early, not early enough, or are they apparent from the moment of curtain up?
4. What effect is created in the play by the antitheses between birth, life, marriage and death?
5. How do silence and sound, affirmation and doubt contribute to the play?
6. How many dramatic functions does the *Guetteur* fulfil?
7. How does the playwright create atmosphere?
8. Discuss the uses of the senses in this play.
9. Would you say that the play is the linear demonstration of a single idea? Is its dramatic interest maintained throughout, or are there any *longueurs*?
10. The function of the dance: relief or reinforcement?
11. Sketch a plan of the changing attitudes of the *Vieillards* towards *la Mort*. Translate their moods into movement and gesture.
12. How is the audience affected by the close of the play?
13. Draw a construction graph of the play, showing self-contained scenes and the transitions between them.
14. Would you prefer the make-up to be realistic (i.e. to convey individual age and sickness) or stylised (i.e. to reinforce the idea that the *Vieillards* are *de raides marionnettes?*

APPENDIX I (d)

EXTRA-TEXTUAL QUESTIONS: ACTE
SANS PAROLES II

1. Is a play without words really a play at all? Is it possible
   to define the point at which silent drama is transmuted
   into mime or ballet? Which is the superior instrument of
   expression: the human body or human speech?
2. Is the audience really necessary in the theatre? What are
   your views on the relationship between the internal
   experience of the poet and the public exposure of that
   experience? What kinds of experience is the theatre best
   equipped to convey?
3. Does the theatre still serve society?
4. Symbol, image and metaphor in the theatre.
5. Abstract theatre and theatre of abstraction.
6. Is dialogue dead? In an age of individualism, is the
   monologue the only theatrical form left?
7. Theatre as catharsis.
8. 'Realism in art is a contradiction in terms' (Arnold
   Wesker).
9. In how many fundamental ways does the theatre differ
   from the other art forms?
10. The next avant-garde: sources and characteristics.

APPENDIX II

Suggestions for further reading

A. ARTAUD — *Le théâtre et son double*
N.R.F., 1938

A. BARSACQ — *Architecture et dramaturgie*
Flammarion, 1950

F. BENTHAM — *The Art of Stage Lighting*
Pitman, 1970

S. BERNHARDT — *L'art du théâtre - la voix, le geste, la prononciation*
Nilsson, 1923

V. BOUBLIK — *The Art of Make-up for stage, television and film*
Pergamon, 1968

M. CORVIN — *Le théâtre nouveau en France*
Presses Universitaires, 1963

M. ESSLIN — *The theatre of the Absurd*
Pelican, 1968

P. GINESTIER — *La théâtre contemporain dans le monde*
Presses Universitaires, 1961

J. GROTOWSKI — *Towards a poor theatre*
Clarion, 1968

E. IONESCO — *Notes et contrenotes*
Gallimard, 1962

T. E. LAWRENSON — *The French Stage in the Twentieth Century*
University of Manchester, 1957

L. PRONKO — *Le théâtre d'avant-garde*
Denoël, 1963

J. L. STYAN — *The Elements of Drama*
Cambridge University Press, 1960

P. van TIEGHEM   *Technique du théâtre*
Coll. Que sais-je? No. 859, 1969

P. A. TOUCHARD   *Dyonisos, apologie pour le théâtre*
Aubier, 1938